おいしく世界史

庭乃 桃　著

柏書房

ヨーロッパの食と歴史の世界へようこそ

皆さんは、「ヨーロッパの食」というと、どんなことをイメージされるでしょうか。パンにパスタ、バター、チーズにワイン、ビール？ ソーセージにローストビーフ、シチューにコロッケ？？

思い浮かぶものは、おそらく人によってさまざまではないかと思います。けれどよくよく考えてみると、私たちの毎日の食卓には、ヨーロッパ発のおいしい食べ物が実にたくさん登場していますよね。

今では世界中から多くの食材・レシピが日本へと入ってきて、ヨーロッパの料理も当たり前のようにレストランや家庭で楽しめるようになりました。また、食品保存や冷蔵・冷凍の技術が進んでいるので、少しお金を出せば本場のものでさえ簡単に手に入るのが日本という国の素晴らしいところ――。製造技術そのものも知られるようになり、本場の味に近い製品を、自ら作って販売するお店もどんどん増えてきています。

どうやらそういう意味では、私たち日本人にとって、「ヨーロッパの食」は案外身近な存在だと言えそうです。

しかし一方で、こんなことを考えてみたことはありませんか——？

ヨーロッパの人たちは、もともとどんな暮らしや雰囲気のなかで、そうした料理を食べていたのでしょう？

またどうしてこれらの食べ物が、その土地で長く受け継がれ、親しまれてきたのでしょうか？

「ただ、なんとなく」——。

そう、たしかにそんな場合もあります。けれど、実はきちんとした理由がある場合も決して少なくはないのです。

そこでこの本では、そんなヨーロッパ各国のさまざまな食材・料理を引き合いに出しながら、それが食べられてきた背景を紐《ひも》といてみたいと思います。

四季折々の風景のなか、いつ、どんな場面で、何を食べるのか——。

人々の生活のなかに浸透するこうした感覚は、とても長い歴史と年月のなかで、ゆるやかに形作られていったものです。

「ヨーロッパのこの食べ物が好き」

「ヨーロッパに行ったことはないが、いつか行ってみたい」

「ヨーロッパを旅行したことがあるから、とても興味がある」

「ヨーロッパに長く住んでいたから懐かしい」

「ヨーロッパのことはよくわからないけれど、食べることや料理は大好き」

そんな、どんな興味・関心でも大丈夫です。

まずは一緒に、ヨーロッパの歴史と食をめぐる旅に出てみませんか？

これはきっと、テーブルにのせられた一皿のおいしそうな料理、そこから始まるワクワクするような物語になると思います。そこにはきっと、たくさんのおいしい食べ物と、人々の生きる知恵、そしてヨーロッパについての新しい発見が待っていることでしょう。

もくじ

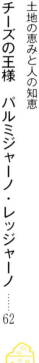

【装丁・本文デザイン】芝山　雅彦

おいしく世界史

第1章

ローマとゲルマンの遺産　南のオリーヴオイルと北のバター

たとえば「夕飯に何か作ろう」と思い立った時、皆さんはまず、鍋やフライパンにいったい何を入れるでしょうか——？

作る料理によっては、水という場合ももちろんあるでしょう。けれど、これが炒めものや煮込み料理となると、ここでは何かしらの「油」という答えが返ってきそうですね。

たとえばそう、オリーヴオイルやバター。和食を作るのであればもちろん必要のないものですが、これが洋風料理となると話は別です。

そもそも「油脂」というのは、人間の体にとって最も手軽にエネルギーを補給できるもの。そしてこれがあるとないとでは、作れる料理も味付けの幅も格段に違ってくるのはご存じの通りです。

実のところ、「オリーヴオイルとバターを制する者は、ヨーロッパの食文化を制す！」と言って

オリーヴオイルとバター

も過言ではありません。ここにもうひとつ、日本の家庭ではおそらくあまりなじみのないラードというものが加わってくるのですが、まずはそんな、ヨーロッパの「油脂」をめぐる食の風景を紐といてみたいと思います。

かつてのヨーロッパにおいて、「油」というのは、すなわちオリーヴオイルのことを指していました。なぜそれがわかるかというと、ヨーロッパ世界の基盤を作ったとされる古代のギリシアやローマでは、「油」という言葉が「オリーヴ」という言葉からできていたからです。

ギリシア語で、「油」は「elaion」。そして「オリーヴ」は、「elaia」――。

古代ローマ帝国ではラテン語が使われていましたが、そちらは「油」を「oleum」と言い、オリーヴは「oliva」と言いました。こうして見ると、なんだかどちらも少し字面が似ていますよね（ちなみにラテン語では、「u」と「v」は同じものとして扱われます）。

これらの言葉は、途中で訛りが入ったりしながら、やがて英語やドイツ語、フランス語、イタリア語へと受け継がれていきます（なお、歴史的にアラブの文化が入るスペインやポルトガルはまた少し違った言葉の流れを汲みますのでここでは除外します）。けれど、いずれの国の言葉も、「油」と「オリーヴ」との密接な関わりを今に伝えているのが面白いですね。

では、オリーヴオイルは、なぜそんなにも昔から人々に愛されてきたのでしょうか――？

その理由のひとつとしては、オリーヴというものが、いろいろな意味で「特別な木」だったということが挙げられます。

たとえばオリーヴの木は、非常に頑丈で暑さに強く、雨がほとんど降らないような乾燥した気候の中でも毎年実をつけます。そしてその実には驚くほど豊かな栄養があり、たっぷりの油が含まれているのです。ですからある時、どこかで大きな火事があったとしても、焼け跡に残ったオリーヴの木の根元からやがて若芽が出て、いつしか再び葉を茂らせるようになるということがよくありました。古代ギリシアの三大悲劇詩人の一人、ソポクレスもこう言っています。

人の手をかりず、おのずとふたたび生え出でた、／敵《かたき》の槍をおののかしめた、／この土地に繁り栄える木、／おさな子をはぐくむ、灰色の葉のオリーヴ。／それには若者も、齢《よわい》にみちた年寄も破壊の手を出すことはかなわぬ。／聖橄欖《かんらん》の守護をするゼウスの／いつも見開いた円い目が、／また輝く目のアテナが見守っている。

（ソポクレス『コロノスのオイディプス』六九八〜七〇五）

実際、オリーヴの主要な産地であるギリシャやイタリア、スペインなどには、現在でも樹齢数千年というオリーヴの古木がたくさんあると言います。どんな気候にあっても力強く佇《たたず》むその姿

オリーヴの古木

は、まさしく神に護られているのではないかと思えるほどに、神聖そのもの。このオリーヴがやがて、生命、平和、豊穣、勝利、栄光といったイメージの象徴となっていったのも大いにうなずけます。

何よりオリーヴは、油としても毎日の生活に非常に役に立つ素材でした。オリーヴは他の植物油とは違い、食用にするための精製作業がほとんど必要なく、きわめて加工がしやすかったのです。つまり、現在も私たちがよく耳にする「エクストラヴァージンオリーヴオイル」というのは、オリーヴの実を搾《しぼ》って作られた、いわば一〇〇パーセントのフレッシュジュース。何しろオリーヴの実というのは油を豊富に含みますから、基本的にはそれをすりつぶして搾りさえすればよかったのです。

またオリーヴオイルには、食用以外にもとても重要な役割がありました。つまり、明かりを取るための灯火として使われたり、死者を弔う儀式に用いられたりしたのです。キリスト教が広まってからは、さまざまな儀礼において「聖なる油」として使われることも多くなりました。あの淡い薄黄緑色をした良い香りのする透明なオリーヴオイルは、清めの香油とするにはまさにうってつけ——。しかもより安価で手に入りやすい獣脂などと比べると、燃やした場合の煙の色も、そして臭いも気にならないため、特に人気が高かったのでした。

さらにその脂質の主成分であるオレイン酸には、風味や香りを伝えやすいという性質があります。オリーヴオイルはこの点を利用して、香水や軟膏を作る時の溶媒としても、古代から大変珍重されていました。

そんな食べて良し、使って良しのオリーヴオイルは、当然、莫大な富と権力を生み出します。人々はなんとか良いオイルを作れないものかと情熱を燃やし、栽培種を研究したり、オイルの品質を等級分けしたりして試行錯誤を繰り返しました。やがてはその高い人気を裏付けるかのように、高品質のオイルに溶かした安物のラードを混ぜ込んだ「偽物」まで出回ることになってしまいました。そして、それを憂いたローマ人たちはなんと、オリーヴオイルの産地や製造者の名前、内容量や等級、輸入した者の名前などを表記したラベルを貼ることで、そうしたまがい物の流入をくい止めようとするほどだったのです。

さて、それではそんなにも愛されたオリーヴオイルの世界に、バターはいったいどのようにして入り込んできたのでしょうか――？

バターとラード――。地中海周辺に住む人々にとって、それまであまりなじみの無かったその二つの油脂を持って来たのは、ローマ帝国の外からやって来たゲルマン人という人たちだったと言われています。

北方からやって来たゲルマン人たちは、ローマ帝国の人々とはまったく違った生活スタイルを持っていました。狩猟や戦いを好み、農業をあまり行わず、半分野生化している家畜を飼うことで乳や肉を手に入れていて、なんだかとにかく「野蛮」――。

当時のローマ人は、パンやワイン、そしてあのオリーヴオイルを好んで食べていましたので、そんな自分たちとあまりにも違いすぎる彼らの食文化を、非常に大きな驚きをもって受け止めました。たとえばローマのタキトゥスという人物は、『ゲルマーニア』という書物の中で、ゲルマン人の飲料・食料についてこんなことを言っています。

> 飲料には、大麦または小麦を発酵させて造ったブドウ酒に似たもの（＝ビールの類）がある。ライン河辺りにいる人々はワインを買うこともある。彼らの食べ物はシンプルで、野生の果物、討ち取ったばかりの獲物の肉、凝乳などである。
>
> （タキトゥス『ゲルマーニア』二三）

ここで出てくる「凝乳」というのはおそらくチーズのようなものだと言われていますが、こんな風にゲルマン人たちは、ローマの人々とは対照的に、肉や乳を主な栄養源としていました。獣肉を食べていれば、当然ラードも手に入りやすくなります。そして乳が手に入れば、バターも作れますよね。

ただ、それまで地中海世界にまったくバターが無かったかというとそうではなく、どうやら小アジア（＝アジアの西の端、現在のトルコのアジア側半島部）から製法が伝わり、主に医療用として使われてはいたようです。しかしゲルマン人がやって来るまでは「食べ物」という認識はなく、結局彼らがもたらしたこのバターとラードは、その後、ゲルマン文化の拡大と共にヨーロッパの食卓できわめて大きな役割を果たすようになります。

こうした中で、ヨーロッパの人々は、オリーヴオイル、バター、ラードという三種類の油脂を、状況に応じて上手く使い分ける知恵を編み出していきます。

もちろん、場所によっては、クルミ、ケシの実、亜麻、菜種など、植物油を使える所も多くあったようです。しかし、古代ローマ帝国の「優れた」食文化を象徴するオリーヴオイルの人気はすさまじく、その輸出はアルプス山脈をはるかに越えて、遠く、現在のイギリスにまで及びました。

また、オリーヴオイルは植物由来であるため、キリスト教徒の人々にとっては、ある時期、とても重要な意味を持ちました。というのも、キリスト教ではある特定の時期に禁欲期間が設けられているため、その時には基本的に、一切の動物性食品をとってはならないからです（第二・第四章参照）。

こうした決まりごとは、時代と共にさまざまな理由から徐々にゆるやかになっていきましたが、昔はなかなか破ることはできませんでした。オリーヴオイルはそんな時、バターやラードの代替品として大変重宝されたのです。

その一方で、バターやラードにはまた別の需要というのがありました。

そもそも搾りたての新鮮なオリーヴオイルというのは、ほのかな青みや辛味、わずかに喉の奥を刺激する苦みのような風味をともなうものです。ですからそんな独特の風味は、主に北ヨーロッパに住む庶民の食生活にはなかなかなじまず、あまり好まれませんでした。たとえば中世のドイツで健康と食に関する多くの言葉を遺した修道女、ヒルデガルト・フォン・ビンゲンは、その著書『自然学』の中で、オリーヴオイルは薬効は素晴らしいかもしれないが、食するには適さず、「口にすると吐き気がして、調理に使うと食材を台無しにしてしまう」と言っています。

しかもオリーヴオイルというのは作られてから徐々に品質が落ち始めますので、かなり遠方まで運ばれるものの多くは「茶色くて酸っぱく」、特に味が悪かったのです。

また場所によっては、オリーヴオイルを手に入れること自体が難しいこともありました。これは特に輸送手段の未熟だった昔は、かなり切実な問題でした。かの有名なカール大帝(シャルルマーニュ)も、「アルプスの向こう、つまりイタリアのようにはオリーヴオイルが手に入らないので」、北方の修道院でラードを使用する許しを得たいと教会に願い出たという記録が残っています。

もとより乳から作られるバターは、暖かい地域では大変傷みやすいものですが、ラードは変質しにくく、しかもバターやオリーヴオイルに比べると価格も安かったので、もともと家畜と共に暮らす貧しい農民でも使うことができました。彼らにとっては、むしろこうしたラードのような油脂がとても重要なエネルギー源だったのです。

ところでバターの方はどうなったかといえば、「野蛮人の食べ物」というイメージがつきまとってしまったせいか、古代ローマの人々にはあまり好まれませんでした。しかし時代を経て牛の飼育が広まっていくと、徐々にその地位を上げていくことになります。

もともと乳製品は牧畜の主要産物ですので、バターは特に、それが盛んなヨーロッパ大陸の西北部地域（＝現在のオランダやベルギー、北フランスのノルマンディーやブルターニュといった土地）でなじみの深い食べ物でした。たとえば乳製品についての最も古い論考を著した一五世紀のとある人物は、ブルターニュでバターが大量に作られるよう

パンに塗られたラード。現在もドイツやハンガリー、ポーランドではラードをパンに塗って食べる習慣がある。

になったせいで牛乳がそちらに多く使われてしまい、チーズの質が低下してしまったとまで言っています。

そしてやがてはついに、バターを料理に使うことがヨーロッパ中で大流行する日がやって来ます。そんな変化は一四～一五世紀頃から始まりますが、この流行は、それまでオリーヴオイルを中心としていたイタリアやスペインをも巻き込むほどのものでした。近隣の国々からの影響を受けて、それまで登場しなかった料理書にもバターを使ったレシピが見られるようになります。ラードと、その代替物としてのオリーヴオイルという図式の中に、バターは第三の勢力として確固たる地位を築き始めたのです。

こうして三者が林立する状況が生まれると、油脂の世界は一気に活気づきます。たとえば、北ヨーロッパの庶民が自分たちの食生活や好みにあった形でバターやラードを使用する一方、イギリスのとある貴族は、自分の威光を周囲に知らしめるため、わざわざ輸送費をかけてまで遠くからオリーヴオイルを取り寄せていました。逆にイタリアでは、主にオリーヴオイルなど、植物油とラードを併用する傾向の強かった北部に対し、南部のエリート層たちは、入手と保存が困難であったにもかかわらず（いえ、だからこそ、他の人々との違いを見せつけるために）、余計にバターの方に価値を見出しました。あるいは距離的にはすぐ近くであっても、山岳部と平野部では、使う油脂の種類が異なっているということもよくありました。

今やこれらの油脂は、気候や土地柄に規定された単なる「食べ物」ではなく、自らの生活スタイルや好み、社会的なステータスを表現するための手段にもなってきたのです。

一七世紀になると、かつての古代ギリシア・ローマを象徴する食品だったオリーヴオイルは専らサラダ用となり、ちょっとお洒落な人ならバターを使ったクリームソースを使うのが当たり前！という時代がやって来ます。しかしオリーヴオイルの方も負けてはおらず、バターにならって、やはりソースの分野へと進出していきました。

こうして肉や魚にかけるソースに、それまで使われたことのなかった「油脂」が加えられるようになり、ヨーロッパの食文化は大きな変貌を遂げたのです。

「もしおれが王様だったら、油しか飲まないぞ」——。

一七世紀の貧しい農民が口にしたとされるそんな言葉は、当時、「油脂」というものが豊かさの象徴であり、憧《あこが》れの食品であったことを如実に物語っています。

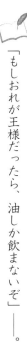

現在、私たちは、オリーヴオイルも、バターも、ラードも手に入る時代に暮らしています。

古代ローマの人々にとってほぼ未知の食べ物だったバターとラードは、長い長い時間をかけてヨーロッパの食卓に浸透していきました。

そして今では、作りたい料理に合わせて、またその日の気分次第で、何を選ぶのも自由――。

けれど、ある料理を前にした時、そんなヨーロッパの食の風景をちょっぴり思い浮かべてみたら、食べ慣れたいつもの一皿がまた少し違って見えてくるかもしれません。

ミニトマトのアヒージョ

食欲をそそるにんにくの香りと甘みの引き出されたジューシーなミニトマトがたまらないアヒージョ。とてもシンプルで簡単に作れますが、オリーヴオイルの底力をぞんぶんに感じられる一品に。オイルごとパンにのせていただいたり、またパスタソースにするのもおすすめです。

●材料（2～3人分）

ミニトマト……20個前後
塩……少々
オレガノ、バジル
（刻んだもの または ドライ）
……各少々
みじん切りパセリ……適宜
【A】
オリーヴオイル……大さじ4
みじん切りにんにく……小さじ1

●作り方

1. ミニトマトはヘタを取り、縦半分に切る。
2. フライパンか小鍋に【A】を入れて弱火にかけ、にんにくの香りが立ったらミニトマトを入れる。
3. 火を強めてフライパンを揺すりながら全体にオイルをからめ、塩、オレガノ、バジルで味を調える。
4. ミニトマトの皮にシワが寄ってきたら火を止め、好みで彩りにパセリのみじん切りを振る。

　レシピURL　https://oceans-nadia.com/user/26/recipe/127135

作り方

1. 鶏肉は一口大に切り、塩、ホワイトペッパーで下味をつける。玉ねぎは粗みじん切りにする。マッシュルームは石突を取って食べやすい大きさにする。にんにくは大きければ半分に切り、包丁の腹でつぶす。
2. 深めのフライパンか鍋にオリーヴオイルを熱し、鶏肉を皮目から入れて全体が白くなるまで焼いて一旦取り出す（中まで火が通っていなくてもよい）。
3. 2のフライパンか鍋にバターとにんにくを入れ、今度は玉ねぎを炒める。マッシュルームを加え、先ほどの鶏肉も戻し入れたら、小麦粉を加えて全体がしっとりするまで炒める。
4. 粉っぽさがなくなったら白ワインを加えてひと煮立ちさせ、【A】を加える。煮立ったら弱火に落として蓋をし、なべ底が焦げ付かないよう時折かき混ぜながら 5 分ほど煮込む。
5. 火を止めてブルーチーズを溶かし入れる。皿に盛り付け、仕上げに好みでナツメグを振る。

レシピ URL　https://oceans-nadia.com/user/26/recipe/133902

鶏肉とキノコのブルーチーズ・フリカッセ

フランスの家庭料理をアレンジしたお鍋ひとつの簡単クリーム煮。しっとりジューシーな鶏肉と旨みのあるマッシュルームに、ブルーチーズの濃厚で薫り高いコクをプラスしました。パンでもライスでもおいしくいただける、バターを使った一皿です。

●材料（2 人分）

鶏肉（むね または もも）……大 1 枚
玉ねぎ……1 個
マッシュルーム……6 個
にんにく……1 片
オリーヴオイル……適量
バター……1 片（10g）
塩、ホワイトペッパー……各少々
小麦粉……大さじ 2
白ワイン……50cc
ブルーチーズ……20g
ナツメグ……少々

【A】

牛乳……300cc
塩……小さじ 1/4
ローリエ……1 枚

第2章

イエローとグリーンの春　春の祭りとイースター（復活祭）

日本には、四季折々の旬の食材というものがあります。春になれば、桜を見ながらお花見弁当を広げ、山菜に舌つづみを打つ。夏は夏で、滋養のあるうなぎを食べたり、そうめんを用意して蒸し暑さの中でも涼をとろうとします。秋は、実りの季節。新米やキノコ、栗やお芋、秋刀魚など、おいしいものがたくさん出回りますね。そして冬は、寒さによって甘みを増した大根やねぎ、白菜などがおいしくなる季節でもあります。

こうした光景には、「食べるのが好き！」「料理が好き！」という方なら、きっと皆さんワクワクされることでしょう。軟らかな水と気候に育まれた、目にも美しい多彩な料理の数々。五月になればお茶を摘み、田植えをし、秋には稲刈り、そして冬に備えた漬け物作り――。今は農産物の栽培技術も進み、季節を問わずに食材が手に入ることも当たり前になってきた時代ですが、それでも私たちは、知らず知らずのうちにこうした日本ならではの食の営みの中に身を置いているのです。

そんな営みは、ヨーロッパにもあります。もちろん、ヨーロッパの場合は日本と少し事情が違っています。ヨーロッパにも四季はありますし、日本でお正月を祝い、お花見を楽しむように、その季節ならではの行事というのがあり、季節ごとの旬の食材があります。ただ一般に、ヨーロッパの四季は、日本の感覚からすると「春」や「秋」がやや短く感じられるかもしれません。これは国によってもかなり違いますが、たとえばスペインやイタリアなど南の方の地域では、五月になればもう初夏というより真夏のような陽射しということも珍しくはありません。また、私が一番長く住んでいたドイツでは、九月になればもう肌寒くなり、ほぼ秋の雰囲気。洋服を買おうとお店に入っても、売られているのはすでに秋冬もののセーターばかりということもありました（もちろん、例外的に残暑の厳しい年というのはあります）。そしてその秋はあっという間に終わってしまって、あとには、長く厳しい冬がやって来るのです。

必ずしも肥沃《ひよく》な土地ばかりとは言えないヨーロッパは、季節によっては作物を育てること自体が難しいこともありました。ですから昔の人たちは、長く厳しい冬に備えて相当の準備をしておかなければなりませんでした。

ヨーロッパは、気候も風土も日本とは違います。日照時間や、気温・湿度も違うので、そもそも体に必要となる栄養素が変わってきます。また手に入る食材も、育ちやすい作物も、育てやすい家畜も、地域ごとにさまざまな特徴があります。たくさんの種類の作物が一年を通じて店頭に並ぶ日本とは違い、特に野菜など、一部の大都市以外では、時期を逃すと新鮮な状態では手に入らなくなるものも本当に多いのです。

冬が厳しい分、春の訪れは一層喜ばしいものとなり、夏が長い分、つかの間の秋を大いに楽しもうとする――。そんなヨーロッパの「食」を取り巻く環境は、当然、日本のそれとはだいぶ違ったものになるはずです。

そしてもう一つ、ヨーロッパの「食」を見ていく上では決して欠かすことのできない、とても重要な要素があります。

それが、キリスト教という宗教です。ご存じの通り、キリスト教は、三一三年にローマ帝国によって国教と認められて以来、ヨーロッパでとても大きな影響力を持ってきました。

特に「食」との関わりで言えば、キリスト教徒が守るべきとされる教会暦というカレンダーに則って、肉を食べてはいけない時期、羊や魚など特定の食材を使った料理が好まれる時期など、一年を通じて、食べ物についてもある一定の「決まりごと」があるのです。

といっても、現在ではよほど信心深い人でもない限り、皆が皆、この決まりごとを忠実に守っているわけではありません。けれど、ちょっと考えてみて下さい。たとえば私たちだって、「土用の丑の日　うなぎをどうぞ！」なんていうスーパーの広告を見たら、「あら、せっかくだから今日はうなぎを買おうかしら」なんて思ってしまうことはありませんか？

こうした感覚に近いことは、おそらくヨーロッパの人たちの中にもあるのです。それほど信心深くない人であっても、魚屋さんの前に「四旬節です。お魚料理をどうぞ！」なんていう看板が出ていたら、「あ、そうね、今はつつましく過ごさなければいけない時期ですもの。今夜はお肉よりお魚にした方がいいわね」なんて、思ったり——。

それほど張り切って「守らねば！」と思っているわけではないけれど、「どうせだったら、せっかくだったらそれにしておこうか！」といった感覚とでもいいましょうか。ヨーロッパといえども、皆が皆、熱心なキリスト教徒というわけではもちろんないのですが、こうした生活の中に根ざした意識というものはやはりあなどれません。

そして、キリスト教というのがまた、そうした人々の中に溶け込んでいる感覚を上手にいかしながら大きくなっていった宗教でした。キリスト教が広まる前、ヨーロッパの先住民たちは、季節の変わり目に合わせてさまざまな祭りを行っていました。

春が来れば、春の女神を迎える祭りを。作物が実れば、収穫に感謝する喜びの踊りを。そして冬の前には、家畜を屠《ほふ》って神に感謝を――。そんな季節の移り変わりと共に刻まれた数々の祭りの記憶は、キリスト教が入って来てもなお、なかなか消えることはなかったのです。

そこでキリスト教は、それをそのまま自分たちの暦の中に取り込んで、キリスト教の礼拝や儀式として新たな命を吹き込みました。大事だとされていることは、今までとそう変わらない――。けれど、そのやり方をキリスト教式に変え、主イエス・キリストの生涯と関連づけて、そこに新たな意義と解釈を加えていったのです。

そして、それが最もよくわかるものこそが、最近日本でも知られるようになってきた、あの「イースター（復活祭）」という行事なのです。

さて、安息日が終わって、週の初めの日の明け方に、マグダラのマリアともう一人のマリアが、墓を見に行った。すると、大きな地震が起こった。主の天使が天から降って近寄り、石をわきへ転がし、その上に座ったのである。その姿は稲妻のように輝き、衣は雪のように白かった。番兵たちは、恐ろしさのあまり震え上がり、死人のようになった。天使は婦人たちに言った。

「恐れることはない。十字架につけられたイエスを捜しているのだろうが、あの方は、ここにはおられない。かねて言われていたとおり、復活なさったのだ。さあ、遺体の置いてあった場所を見なさい。それから、急いで行って弟子たちにこう告げなさい。『あの方は死者の中から復活された。そして、あなたがたより先にガリラヤに行かれる。そこでお目にかかれる。』確かに、あなたがたに伝えました。」

婦人たちは、恐れながらも大いに喜び、急いで墓を立ち去り、弟子たちに知らせるために走って行った。すると、イエスが行く手に立っていて、「おはよう」と言われたので、婦人たちは近寄り、イエスの足を抱き、その前にひれ伏した。


（「マタイによる福音書」第二八章第一～九節）


これは、聖書の中にある、イエス・キリスト復活の場面です。

日本にいる時にはそう気にしたことはなかったけれど、ヨーロッパに住むようになったら、がぜん意識するようになった――。そんな行事のひとつに、このイースターがあります。

最近では、日本でもハロウィーンと並んで話題にのぼるようになったイースター。キリスト教徒でない方にとってはあまりなじみがないイベントかもしれませんが、最近はテーマパークなどでも毎年催し物が行われていたりするようなので、名前くらいは一度は耳にしたことがあるのではないでしょうか。

イメージとしては、何やら「卵」にまつわるものがからんでくる感じがすると思いますが、まさしくその通り。イースターエッグに、イースターバニー。そうそう、「ウサギ」などもよく登場します。あとは、「ヒツジ」、「ニワトリ」、「ヒヨコ」など――。

実際、これらは皆、すべてイースターに関連するものです。ですからイースターをお祝いする日の食卓は、こうしたモチーフでいっぱい。でも、それはいったいなぜなのでしょうか？　どうしてそれが、キリストの復活と関係があるのでしょう？

キリスト教が広まる以前、ヨーロッパに住んでいた人たちは季節ごとにさまざまな祭りを行っていました。そしてそんな人々の祭りの記憶を、キリスト教が上手く活用し、新しい形で発展させていったというお話は先ほどしましたね。

そう、このイースターという行事は、まさにそうして生まれたものなのです。イースターとは、イエス・キリストの復活を祝うと共に、冬に別れを告げ、春を迎える祭りのこと――。

長くて厳しいヨーロッパの冬は、昔の人にとってはすべての生命が沈黙する「死」の象徴でした。ところが春になれば、それまですっかり枯れたように見えていた木々が一斉に芽吹き、山々に緑があふれます。そのイメージは、先ほど引用したような、十字架にかけられて命を落としたイエス・キリストが「復活」を遂げた姿と見事に重なるものだったのです。

そこで登場するのが、例の「卵」です。何と言っても、卵は生命の象徴です。ですからイースターには、卵の料理が必ずと言っていいほど食卓にのぼります。白身と黄身のコントラストを見ているだけで何だか明るい気持ちになれますし、何より「黄色」というのは、「太陽」、「活力」を表す色――。春になれば暖かい陽射しが降り注ぐようになり、光があふれます。日照時間の短いヨーロッパの人々にとっては、それは何よりうれしいことだったのでしょう。

そしてヨーロッパの人たちにとって、その黄色と並んで春を想わせる色となるのが「緑」です。こちらは文字通り、芽吹いた草木の色。ですからこの時期、花屋さんには黄色のチューリップや水仙がたくさん並べられます。こうした花はイースターの食卓にももちろん飾られ、黄色と緑、そして明るいパステルカラーの小物類がテーブルを華やかに彩るのです。

このほか、キリスト教にとって特別な意味を持つ「ヒツジ」や「ハト」は、やはりイースターでも好まれるモチーフの一つ。そして、「多産」や「豊穣」を象徴する「ウサギ」。同じく「生命」や「再生」の象徴であり、卵とも関連のある「ヒヨコ」、「ニワトリ」なども、縁起物としてよく取り上げられます。

黄色と緑の花束

たとえば、スイスの有名チョコレートメーカー、リンツ社（Lindt & Sprüngli）が毎年販売している、ゴールド・バニーのチョコレートはよく知られていますよね。春が近付くと、ヨーロッパの店先は卵の形のチョコレートでいっぱいになるのですが、それと同じくらいたくさん並ぶのが、こうしたウサギ型をしたチョコです。

ところで、イースターというのは、たとえばクリスマスなどのように毎年同じ日に行われるというものではありません。毎年、だいたい三月下旬から四月下旬のあいだで日付が変わります。ですから、たとえば二〇一七年は、四月一六日でした。しかし翌二〇一八年は、四月一日です。その後は、四月二一日、四月一二日と、年によって日付が前後していきます。なんだか不思議な感じがするかもしれませんが、イースターは「春分の日を過ぎて、最初の満月を迎えた日のあとの日曜日」と決まっているのでこのようなことになるのです。

そして、一般に「イースター」と呼ばれているのはこの「日曜日」のことで、実はその前後にもさまざまな関連の日が設けられています。現在では特に復活祭までの一週間が中心になってい

リンツ社のゴールド・バニー・チョコ

るので、ためしに二〇一七年の場合で見てみましょう。

四月九日（復活祭の一週間前）「枝の主日」
四月一四日「聖金曜日（キリスト受難の日）」
四月一六日「復活祭の日曜日（復活の主日）」

「枝の主日」は、復活祭当日の一週間前の日曜日のこと。イエス・キリストがイェルサレムに入城したことを記念するもので、群衆がナツメヤシの枝を手に持ち、迎えたことからこの名がついています。ですからこの日、人々はキリストの不滅性のシンボルでもあるヤシ科のシュロや、地域によってはツゲ、ネコヤナギ、オリーヴなどの木の枝を持って教会へ行き、祝福を与えてもらいます。そしてこの日からの一週間を「聖週間」と呼び、いよいよ復活祭の気分が高まっていくのです。

「聖金曜日」というのは、キリストが十字架にかけられて亡くなった日です。特に息を引き取ったとされる午後三時には、各地でミサや祈禱会が行われ、以降、毎日定時に鳴っている教会の鐘は、キリストの死を悼んで復活祭まで止められます。

そしてキリスト復活の当日となるのが、「日曜日」。この日に鳴る鐘は、いつにも増して高らかに響き渡り、キリストの復活を盛大に喜ばしくたたえます。

実は、一年の中でキリスト教最大のイベントとなるのは、クリスマスではなく、このイースターなのです。国によってもいろいろですが、クリスマス時期と同様、祝日となることが多く、学校やオフィスが休みになるほか、皆が家族の待つ家に帰ってイースターを共に過ごそうとします。

卵にウサギ、ヒツジにハト、ヒヨコ、ニワトリ――。イースターの期間中は、キリストの受難に想いを馳せ、その復活を祝い、荘厳なミサに参加する。そして同時に、こうしたモチーフのものをたくさん並べながら、春の訪れを祝い、大いにごちそうを食べて、家族や親戚たちと喜びの中で楽しく過ごすのです。

さて、食いしん坊さんたちにとって気になるのは、やはりこの「ごちそう」の部分ですね。というのも、このイースター、ヨーロッパの人々にとってはごちそうを久々に心置きなく食べられる日でもあるからです。

このイースター（復活祭）に至るまでの期間を、西方キリスト教世界では「四旬節」と呼びます。今ではイースターと言うと、復活祭の日曜日一日だけを指すように思われがちですが、本来の意味を考えれば、四旬節から復活祭の日曜日を経て、聖霊降臨祭までの期間を祝うのが正式なのです。

四旬節は、だいたい二月頃から始まり四〇日ほどあるのですが、この期間は復活祭への準備期間。

キリストの受難に想いを寄せる時期とされ、伝統的に「食事の節制と祝宴の自粛」が推奨されます。要するに、「肉などモリモリ食べまくらないように！」「宴会でどんちゃん騒ぎをするなどもってのほか！」「心穏やかに、できるだけ静かに過ごしなさい！」、ということ――。

ですからこうして迎えるイースターは、春が来たことを喜びながら、家族皆で楽しく過ごし、好きなものを思い切り食べられる機会でもあるというわけです。

それでは実際にどんな料理を食べるのか、いくつかご紹介してみましょう。まず、どこの国でも代表的なのは羊肉を使った料理ですね。本章末でレシピをご紹介しているようなラム（子羊）を使った料理は定番中の定番です。

> その翌日、〈洗礼者〉ヨハネは、自分の方へイエスが来られるのを見て言った。「見よ、世の罪を取り除く神の小羊だ。」
>
> （「ヨハネによる福音書」第一章第二九節）

ここに「神の小羊」という表現があるように、キリスト教徒において「ヒツジ」は非常に好まれるモチーフのひとつです。特に、穢《けが》れなき「神の小羊」であるイエスの血（犠牲）によって人間は罪を赦《ゆる》されたというのがキリスト教の考え方ですから、その死からの復活を祝うイースターにはまさにぴったりだとも言えます。しかも羊というのは人間が古くから食していた肉でもあるので、イースターだけでなく、さまざまな祝祭の機会に重宝されてきたのです。

また、たとえばイタリアには、トルタ・パスクアリーナ（torta pasqualina）という料理があります。イタリア北西部の港町・ジェノヴァを中心としたリグーリア州発祥の料理ですが、イタリアやスペインではイースターのことをヘブライ語に由来する「パスクア」という名前で呼びますので、料理の味わいも考えてあえて訳すなら、「イースターのパイ（あるいはキッシュ）」といったところでしょうか。こちらの料理、何がすごいかと言うと、四旬節の期間中にはなかなか食べられなかったたくさんの卵とチーズを使って作られるのです。切ると、中からはほうれん草とリコッタチーズのフィリングと黄色い卵がのぞき、外は昔ながらのざっくりしたパイ生地。上の部分は薄い生地をミルフィーユ状に何層にも重ねてあるので、サクサクしたおいしさまで一緒に楽しむことができます。

トルタ・パスクアリーナ

そのほかにも、街の店々にはヒツジやウサギ、ハトなどの形をした菓子パンやケーキがたくさん並びますし、イギリスのホット・クロス・バンズ（hot cross buns）などのように、十字架の模様をあしらったものなどもあります。いずれにしても、イースターは家族皆で教会のミサに赴《おもむ》くというだけでなく、手作りしたり、お店で買ってきたりしたそんな数々のごちそうを囲みながら、キリストの復活を祝い、春の到来を喜び、そして有名なエッグ・ハント（色とりどりに彩色した卵を隠して探す遊び）をしたりして楽しく過ごす素敵な機会でもあるのです。ですから、今では何はともあれ、クリスマスとこのイースターだけは実家に帰るという人も珍しくありません。

さて、こうして復活祭の日曜日が終わると、五月か六月頃には聖霊降臨祭というものが待っています。

装飾用イースター・エッグの専門店。卵には繊細で美しい彩色が施されている。

五旬祭の日が来て、一同が一つになって集まっていると、突然、激しい風が吹いて来るような音が天から聞こえ、彼らが座っていた家中に響いた。そして、炎のような舌が分かれ分かれに現れ、一人一人の上にとどまった。すると、一同は聖霊に満たされ、〝霊〟が語らせるままに、ほかの国々の言葉で話しだした。

（「使徒言行録」第二章第一～四節）

五旬祭は、別名「五〇日祭」とも言います。その名の通り、聖霊降臨祭はキリストが復活した日から数えて五〇日後、使徒たちのもとに聖霊が降りて教会の礎《いしずえ》が築かれたことを記念する特別な日です。ですから聖書に出てくる表現を象徴するように、ヨーロッパ各地では突風や炎をモチーフにしたイベントや行列が行われたりもします。

またこの頃になると、花屋さんには色とりどりの大輪の芍薬《しゃくやく》の花が並び始め、街角を鮮やかに彩ります。イースター期間のクライマックスとも言うべき「復活祭の日曜日」の後、この聖霊降臨祭の頃に咲く芍薬の花は、たとえばドイツでは幾重にも重なるその美しい花弁と女王のような存在感のある佇《たたず》まいから「聖霊降臨祭のバラ（Pfingstenrose）」と呼ばれ、愛されています。この優美で華やかな色合いを見て、人々はそろそろ夏が近づきつつあることを感じ始めるのです。

芍薬の花

ラムチョップのローズマリー焼き

ヒツジの料理は、キリスト教関係のイベントの時には特に好まれるものです。羊肉には独特の臭いがありますが、あらかじめしっかり室温に戻してシンプルに焼き上げたラムチョップはやわらかくジューシーで最高に美味。赤ワインで作ったソースを添えれば、羊肉は初めてという方にもとてもおいしく召し上がっていただけます。

●材料（2人分）

ラムチョップ……6～8本
ローズマリー……1～2枝
オリーヴオイル……大さじ2
塩、ブラックペッパー……各少々

【ワインソース】

赤ワイン……100cc
蜂蜜……小さじ1
バター……1片（10g）

●作り方

1. ラムは脂身が多ければ少し取り除き、食品保存用ビニール袋に入れる。摘み取ったローズマリーの葉とオリーヴオイルを加えなじませたら、袋の空気を抜いて室温で30分置く。
2. ラムを取り出し、焼く直前に塩・ブラックペッパーを振る。漬け込みに使ったオイルを少量熱したフライパンで、脂身から強火でこんがりと焼く。
3. 脂身にしっかり火が通り、全体に焼き色がつけばできあがり。
4. そのままでも十分おいしいが、ソースを作る場合は肉を焼いたフライパンに赤ワインを入れて半量くらいになるまで煮詰め、蜂蜜、バターを混ぜ入れる。

レシピURL　https://oceans-nadia.com/user/26/recipe/126448

●作り方

1. 玉ねぎをみじん切りにし、バターで透明感が出るまで炒めて一度冷ます。牛乳とパン粉を合わせてふやかしておく。オーブンは 200 度に予熱する。
2. ボウルに、あいびき肉、玉ねぎ、牛乳とパン粉、【A】を入れて混ぜ、粘りが出てなめらかな質感になるまで丁寧に混ぜこねる。
3. オーブンの天板にクッキングシートを敷いて 2 をのせ、中にゆで卵を入れてカマボコ型に成形する。（※ゆで卵は焼くと上の方に上がってきてしまうので、できるだけ下の方に深くうずめるように並べるとよい。）
4. 3 を 200 度のオーブンで約 30 分焼き、焼き上がったら取り出して肉汁が落ち着くまでふんわりアルミホイルをかぶせておく。
5. その間にソースを作る。フライパンで小麦粉を乾煎りし、バターを加えてよく練ったら、天板に残ったミートローフの焼き汁と白ワインを加えてひと煮立ちさせる。牛乳を少しずつ加えていき、丁寧に溶かし混ぜ、塩・胡椒で味を調える。
6. ミートローフが冷めたらカットし、ソースをかけていただく。

レシピ URL　https://oceans-nadia.com/user/26/recipe/126373

ドイツ風ミートローフ「にせウサギ」

イースターの主要モチーフ、「卵」と「ウサギ」のメッセージが込められたドイツのミートローフ。ウサギの丸焼きに見立てた楕円の形が面白く、イースター・シーズンにはまさにぴったりの料理です。オーブン任せで作れて、大人から子供まで広く愛される食べやすい味わいも魅力。

●材料（4人分）

あいびき肉……500g
玉ねぎ……3/4個（150g）
ゆで卵……4個
バター……1片（10g）
パン粉、牛乳……各大さじ4

【A】

マスタード……大さじ1強
パセリのみじん切り……大さじ1
マジョラム（ドライ）、パプリカ（パウダー）、ナツメグ（パウダー）……各小さじ1/8
塩……小さじ1/4
胡椒……少々（きつめ）
卵……1個

【ソース】

バター……1片（10g）
小麦粉……大さじ1
ミートローフの焼き汁……あるだけ
白ワイン……30cc
牛乳……100cc
塩、胡椒……各少々

第3章

太陽王が愛した「貴婦人の指先」野菜の女王アスパラガス

「ついに、春到来!」

毎年三月頃にもなると、雑誌や新聞、テレビなどで盛んに目にする(耳にする)この言葉。ヨーロッパ、それも寒い北の方などに住んでいると、そこにはちょっとした興奮にも似た響きが含まれていることに気付きます。それもそのはず。長く厳しい冬の終わりに迎える暖かな春は、誰もが待ち望んでいた季節。そしてそれは、前章でご紹介したような黄色や緑に象徴される花々、そしてイースター(復活祭)に代表される催しによって、まさに華々しく祝われるものなのです。

私たち日本人も、春を告げる野菜をとても大切にします。食感の良いたけのこや、目にも鮮やかな菜の花、香りの良いふきのとう——。そんな季節限定のみずみずしい野菜たちがお店に並び、食卓にのぼるだけで、「ああ、今年も春が来たのだなあ」と、なんとも幸せな気持ちになりますよね。

実は、そんな春の到来を知らせる食べ物というのがヨーロッパにもあるのです。それこそが、なんとあのアスパラガス――。しかも日本ではどちらかというとなじみのうすい、「ホワイトアスパラガス」のほうです。そこで今回は、そんな特別な野菜、アスパラガスのお話をしてみようと思います。

アスパラガスの若芽（＝食用となる部分）。

ところで皆さんは、「野菜の王様」というと、まず何を思い浮かべますか――？

香りや食感の良さはピカイチ、やはりその季節ならではの味わいが思い切り楽しめる春野菜や夏野菜でしょうか。それとも、秋の味覚、旨味たっぷりのキノコや甘みがたまらないカボチャやお芋？　または、毎日でも食べられそうなレタスやきゅうりなどのサラダ野菜、あるいは普段何かと出番が多くてなじみ深い、キャベツや玉ねぎ、にんじん、じゃがいも、大根なんていう方もいらっしゃるかもしれませんね。それこそこのあたりは、人によっても実にさまざまな答えが返ってきそうです。

しかし、たとえばこの質問をヨーロッパの人にすると、返ってくる答えの中にはおそらく「アスパラガス」というものがあるのではないでしょうか。なぜかといえば、ヨーロッパではほかでもないこのアスパラガスこそが春の訪れを告げる代表的な野菜だからです。そしてそれほどまでに思い入れも深い、ある「特別な」存在だからなのです。

実は昔のヨーロッパでは、冬の時期に食べられる野菜といえば、発酵させたキャベツやピクルス、そしてせいぜい玉ねぎくらいしかありませんでした。そんななか、春になると芽を出すこのアスパラガスはみずみずしくて香りが良く、甘みが強くてなんとも幸せな気持ちになれる野菜だったのです。そう、まるで日本人にとっての「たけのこ」のような存在――。それが厳しい冬を越えて春を待ちわびた、ヨーロッパの人々にとっての「アスパラガス」なのです。

たとえばフランスの食通、ブリア＝サヴァラン（一七五五〜一八二六）が著した『美味礼讃』という書物の中には、アスパラガスについてのこんなエピソードが登場します。ある時、ベレの司教クルトワ・ド・キャンセの菜園の一隅に、世にも立派なアスパラガスが顔を出したという知らせが届きます。


知らせは嘘でも誇張でもなかった。アスパラガスはすでに大地を割って頭を出していた。

頭は先が丸くつやつやしていて、まだらがあった。茎《くき》が出たら片手では握りきれぬ太さだろうと予想された。

（ブリア＝サヴァラン『美味礼讃』ヴァリエテ［雑録］）

これを見て大喜びした人々は、収穫の時にはぜひ司教様にお願いしようと意見の一致をみて、わざわざ鍛冶屋にそのためのナイフまで注文します。当のアスパラガスは、そんな皆の期待に応えるかのように日一日と美しさと風情を増し、やがてついに収穫の時を迎えます。その日はお祝いのごちそうが用意されて、人々は司教が散歩から帰って来るのを今か今かと待ちわびていました。しかし皆の熱い視線を受けながら、ついに司教がその特製のナイフで厳かにアスパラガスを切り取ろうとすると……、なんと！　そのアスパラガスが木でできていることに気付いたのです。

結局、これは、細工物の得意なロッセという修道士のいたずらだったことがわかります。彼はご丁寧にも偽物の特大アスパラガスを作って土に埋め、それを毎日少しずつ動かしては自然に生長しているように見せかけていたのでした。司教はこのいたずらをどう処したものかと悩みますが、その場に居合わせた人々の今にも吹き出しそうな顔を見て、ただにっこりと笑いました。それを機に、皆はどっと大笑い――。ロッセという修道士を咎《とが》めることも忘れてそのアスパラガスを切り出すと、やっこら担いで食堂まで持って行き、かくしてそのアスパラガスは、その夜一晩、食堂の真ん中に恭《うやうや》しく置かれていたのでした。

さてこのお話、「なんとも呑気なことだな」などと思われる方も多いかもしれませんが、一方ではアスパラガスという野菜の特性を実によく表しています。つまり、土の中からアスパラガスが顔を出した時のワクワク感。そしてそれが春が近づくにつれて日に日に大きくなり、収穫を待つばかりとなった時の、皆のウキウキした気持ち――。わざわざ特製のナイフまで新調し、ごちそうを用意して収穫の時を待つ人々の様子からも、そんなうれしさが伝わってくるようです。

ヨーロッパでのアスパラガスの旬は、だいたい三月〜六月（地域によって多少違います）。そして日本でも、春から初夏の頃がアスパラガスの最もおいしくなる時期だと言われています。

ホワイトアスパラガスはというと、最近は日本でも生のものが売られているのを見かけることが多くなりましたが、少し前までは、それこそ缶詰くらいでしかお目にかかることのないものでした。それもそのはず。ホワイトアスパラガスというのはグリーンに比べると足も早くて、新鮮でないと少し苦味が出たり、本来のおいしさを楽しむことができません。そこで、日本だけでなくヨーロッパでも、歴史的には缶詰に加工されて食されることが多い野菜だったのです。

一方、先の司教の話に登場するアスパラガスは、「その伸び方はゆるやかだが小やみなく、やがてこの野菜の食べられる部分が終わる白い部分が見えはじめた」とあるように、あれはどうやらホワイトではなくグリーンのほうだったようです。

実はアスパラガスというのは、グリーンとホワイトとで何か品種が違うというわけではありません。ホワイトアスパラガスというのは、何のことはない、おなじみのグリーンアスパラガスに盛り土をして日光に当てないように育てたものなのです。そう、まるで日本のウドみたいですね。とはいえ、それが最高に難しく、手間がかかります。しかも収穫する時も、みずみずしくて穂先がやわらかいアスパラガスは、傷を付けずに摘み採るのがとても大変。当然、すべてが手作業になってしまいます。何しろ食べる部分は、アスパラガスの若芽なのです。ですからホワイトの場合は特にもろく、収穫後は温度・湿度管理もしっかりしておかないと、一番の魅力であるかぐわしい風味が失われ、また筋が入ってしまいます。

一方、日本でもおなじみのグリーンアスパラガスはというと、スペインや南イタリアなど、太陽の光がさんさんと降り注ぎ、オリーヴオイルをふんだんに使う地域で特に人気があります。栄養面から言えば、やはり日光に当たっている分、ホワイトアスパラガスよりもグリーンの方が優れており、疲れに効くと言われる有名なあのアスパラギン酸に加え、豊富なたんぱく質、葉酸などの各種

アスパラガスの花、実、根、葉っぱ（擬葉）のかたち

ビタミン、ルチン、カリウムなどのミネラルがたっぷりと含まれています。

他にも、全体が紫がかったヴァイオレットのアスパラガスなどもあります。こちらは品種が違っていて、香りが豊かで適度な甘みがあり、イタリアやフランスなどで特に好まれています。また、ヨーロッパにはアスパラ・ソバージュ（フランス語で「野生のアスパラガス」の意）と呼ばれる細くて小ぶりな野菜もありますが、これはアスパラという名前は付いているものの別の種類で、山菜に近いような野菜です。主にスープやサラダなどに使われたり、料理の飾りにされます。


ところで、「野菜の女王」、「マドモワゼルの指先」、「王の野菜」、「食べる象牙」、「白い金」——。これらはいったい、何のことだと思いますか？　実はこれらは皆、あの繊細なホワイトアスパラガスを表す呼び名なのです。では、ヨーロッパでそんな風に呼びならわされるホワイトアスパラガスは、いったいいつ頃から人々の食卓にのぼるようになったのでしょうか？

歴史的に見ると、アスパラガスという野菜自体はずいぶん昔から人々に親しまれていたものであることがわかります。原産地は南ヨーロッパからロシア南部にかけてだと言われていて、特に地中海周辺に住む人々にとっては、その辺りの木の下に群生している山菜のようにとても身近なものでした。ですから、古代ギリシアの人も、古代ローマ帝国の人々もそれを採ってくるのを毎年楽しみにしていて、ローマに至ってはあまりの人気にわざわざ栽培まで始めてしまったほど——。

菜園における仕事のなかで、最も細やかな手入れが行なわれるのはアスパラガスの栽培である。（中略）二月一三日頃、肥料に十分浸しておいた種子を、小さな穴に密集して埋めて播き、次に、根が互いに絡み合ってできたアスパラガスの苗根を、秋分の後、一ペスの間隔で植える。そうすると、一〇年間種子を実らせ続ける。

（大プリニウス『博物誌』第一九巻第四二章第一四五節〜一五〇節）

古代ローマでのアスパラガスの栽培は、なんとすでに紀元前の頃から行われていたのです。どうやったらより良いアスパラガスを安定して収穫することができるか、こんな風に懸命に工夫が凝らされていたのですね。

食物と健康との関係などについてまとめられた中世のハンドブック、『健康全書（Tacuinum Sanitatis）』より。「アスパラガス」の挿絵。

その後はローマ帝国の解体と共にあまり引き合いに出されなくなったアスパラガスですが、古代ギリシアの昔から利尿作用があることやさまざまな薬効が知られていましたので、修道院の庭などでは細々と栽培が続けられていたようです。そして、古典古代（ギリシア・ローマ）の文化の復興をうたったルネサンス期には、再び祝宴の料理に欠かせないものとなります。

さらに時代は下り、絶対王政期――。かのフランスの太陽王・ルイ一四世（一六三八〜一七一五）の好物のひとつが、まさにこのアスパラガスでした。美食家だった王は、アスパラガスがあまりにも好き過ぎて、いつでも食べられるようにと、ヴェルサイユ宮の敷地内に造られた「王の菜園（Potager du Roi）」に、なんと六〇〇〇本もの苗を植えさせていたと言います。そこでは土壌の改善や排水システムの完備により、早生の果実や野菜がたくさん育てられ、アスパラガスやレタスも、王の命令で季節外れの十二月に収穫できるようにされたのでした。

王の菜園（Potager du Roi）

しかしそんなアスパラガスは、いずれの時代にも、野菜の中で特に高価なものでした。栽培に手間がかかり、収穫や食べられる季節が限られる――。それだけで価格は跳ね上がり、栽培種のアスパラガスは、庶民にはとても手の届かない「高貴な野菜」となっていたのです。ですから旬の季節にアスパラガスを食べられるということは、ごく少数の限られた人々だけが味わえる最高の贅沢でもありました。

その証拠に、先ほどのサヴァランがこんなエピソードを紹介しています。ある日、パリで最も有名な食料品店で、彼は素晴らしいアスパラガスの束を見つけます。が、その値段はなんと四十フラン――。当時は労働者の一日の収入が二・五フラン程度だった時代で、この値はとんでもなく高いことを意味していました。そこで彼は、女店主に言います。

まったくみごとだ。だがその値段じゃ、陛下か殿下ででもなけりゃ食べられないね。
（ブリア＝サヴァラン『美味礼讃』ヴァリエテ〔雑録〕）

しかしそれを横目に、恰幅《かっぷく》の良いイギリス人の男

市場の売り台に山と積まれたホワイトアスパラガス

性たちがやって来て、値段も聞かずにそのアスパラガスの束を買うと、口笛を吹きながら去って行ってしまったというのです。

そして、現代――。うれしいことに、栽培法の進化や流通システムの発達により、もとは高貴な食べ物だったアスパラガスも、近頃では価格がかなり抑えられて手頃な値段で口にすることができるようになりました。中でも、ヨーロッパの北の方、ベルギーやオランダ、フランス、ドイツなどではホワイトアスパラガスの人気が極《きわ》めて高く、春になると街のレストランにはそれを使った料理がずらりと並びます。また、少し南の方では、北イタリアのバッサーノ、スペイン北部のナヴァーラなどもホワイトアスパラガスの名産地。グリーンアスパラガスも、その栄養価の高さや調理の手軽さで大変親しまれていますが、やはり手間ひまかけられ、大切に大切に育てられた「高貴な野菜」、ホワイトアスパラガスには、何かの「特別感」があると言わざるをえません。

そんな国々では、毎年三月~四月頃になると、市場の売り台の上にホワイトアスパラガスが山と積まれて並び始めます。形は大きいものから小さいものまで、実にさまざま。白くてまっすぐで、適度な太さと長さのあるものほど値段が高く、味が良いので、皆が作る料理の用途に応じて、そのつど好みのものを買って行くのです。

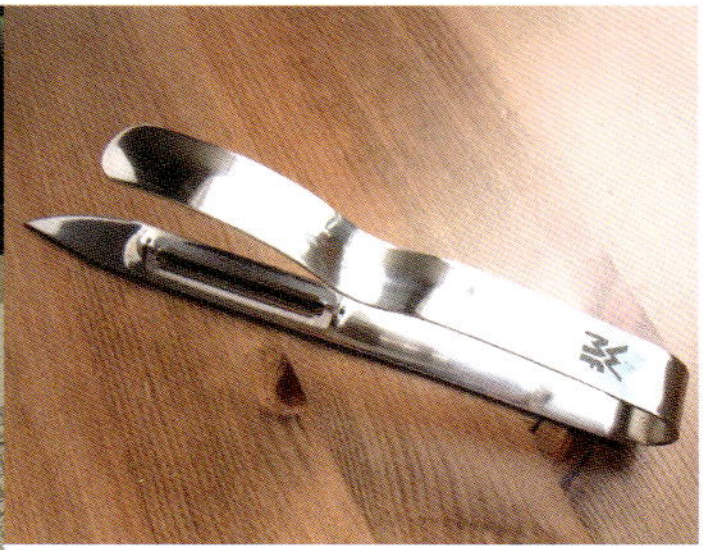

アスパラガス専用ピーラー（右）とアスパラガス専用鍋（左）

さて、グリーンよりも甘みが強くてみずみずしく、えも言われぬ芳醇《ほうじゅん》な香りがたまらない、ホワイトアスパラガス――。そんな繊細な野菜ですから、食べる時もグリーンアスパラガスとは少し違ったやり方が必要になります。つまり、皮を多め、かつ厚めにしっかりとむき、お湯にむいた皮とバター、レモン汁を加えて一緒に茹で上げるのです。要は、茹でるお湯の中で水っぽくならないように仕上げることが大切で、みずみずしい甘い香りを存分に楽しめるようにしてあげるのですね。とても簡単なやり方ですが、この方法で茹でるとおいしさがグッと違ってきます。

そして期間限定、旬のものだからこそ、「ここは何が何でも絶対においしく食べたい！」というヨーロッパの人々の情熱が生み出したのが、ホワイトアスパラガス専用の調理器具たち。みずみずしいホワイトアスパラガスの皮を折らずにむくための専用ピーラーに、アスパラガスを切らずに長いまま茹でるための専用鍋――。こんなものが出回ることからして、ホワイトアスパラガスに対するヨーロッパの人たちの並々ならぬ情熱が感じられます。しかもこの時期には、各地で「ホワイトアスパラガスの皮むき大会」なるものが行われていて、「われこそは!」というご婦人や旦那さま方がこぞって出場し、一キロのホワイトアスパラガスの皮をいったい何秒でむくことができるか?などというコンテストが行われたりもします。

そんなわけでこの時期は、レストランでの主役も、肉でも魚でもなくやはりホワイトアスパラガス――。一人前は、だいたい五〇〇グラムほどもあります。日本人からすると、「わあ多い!」という印象かもしれませんが、口に含んだ途端にあふれ出るホワイトアスパラガスのみずみずしさと鼻に抜ける夢のように芳醇な香りは、やはりこの季節ならではの旬のおいしさです。こんなに沢山あってもあっという間に食べられてしまうのですから不思議ですね。

また、有名なヴィーナーシュニッツェル(ウィーン風カツレツ)も、この時期ばかりは「シュパーゲル(ドイツ語でホワイトアスパラガスの意)」のわき役。日本では添え物としてのイメージが強いアスパラガスですが、この時期のヨーロッパでは、むしろこのホワイトアスパラガスの方がメインであることも多いのです。また香りの強い皮の部分を出汁に使ったスープも人気で、その豊かな香りとクリーミーな舌触りは、ぜひ一度は味わってみたいメニューのひとつです。

ところでドイツには、こんな言葉があります。

さくらんぼが赤くなると、ホワイトアスパラガスの季節は終わり。

さくらんぼは、夏を知らせる果物のひとつ。つまりドイツでは、ホワイトアスパラガスの収穫は、毎年六月二四日の洗礼者聖ヨハネの日までとだいたい決められているのです。なぜそう決まっているのかと言うと、ホワイトアスパラガスは一度植えると一〇年くらいは同じ株から収穫ができるので、来年にそなえて株をしっかり休ませておきたいからです。ここにも、ホワイトアスパラガスに対する深い愛情のようなものが感じられますね（ただし、天候上、あまりにも暖かくてアスパラガスが育ちすぎるような場合にはもっと早くに収穫を終えること

ホワイトアスパラガスの溶かしバターソースがけとウィーン風カツレツ（左）。ホワイトアスパラガスのポタージュスープ（右）。

もあるようです。あれほど山盛りになっていたホワイトアスパラガスがこの日を境にパタッと市場から消えてなくなりますので、ご旅行などで行かれる際にはどうぞご注意ください）。

最近では日本でも、おいしい生のホワイトアスパラガスがずいぶんと手に入りやすくなりました。ホワイトアスパラガスの持つ、みずみずしさと甘み。芳醇な香り。グリーンアスパラガス特有の、シャキシャキした歯ざわりと濃厚な味わい、フレッシュな香り——。

みなさんは、どちらのアスパラガスがお好みですか？　もしもまだホワイトアスパラガスを缶詰でしか食べたことがないという方がおられましたら、まずはこれを機会にぜひ一度召し上がってみてください。それこそが、ヨーロッパの春、そして初夏の香りです。

ホワイトアスパラガスのおいしい茹で方

グリーンよりも皮が硬く、繊細な風味を持つホワイトアスパラガス。そのおいしさを存分に引き出す茹で方です。とても簡単においしくできますので、さまざまなソースでお楽しみください。

●材料（2 人分）

ホワイトアスパラガス……6 本～

【A】

水……1ℓ

バター……1 片（10g）

砂糖……小さじ 1

レモン汁……小さじ 1

●作り方

1. ホワイトアスパラガスは根元を手で折り、穂先の 2 ～ 3cm 下あたりからピーラーで皮をむく。折った根元とむいた皮は捨てずにとっておく。
2. アスパラガスが丸ごと入る鍋か深さのあるフライパンを用意し、【A】とホワイトアスパラガスの根元、皮を入れて火にかける。煮立ったらアスパラガスを根元の方から入れて、少ししたら穂先まで全体を沈める。そのまま蓋をせずに 8 ～ 10 分程度茹でる。
3. すぐに食べない場合は、そのまま茹で汁の中にひたしておく。(その場合、茹で時間を 8 分くらいに留めるとよい)。

溶かしバターのソース（2 人分）

バター 2 片（20g）をフライパンに溶かし、きつめの塩をしてソースを作る。水けを切った茹でたてのホワイトアスパラガスにかけていただく。ハムや茹でじゃがいもなどを添えても美味。

レシピ URL　https://oceans-nadia.com/user/26/recipe/127520

ホワイトアスパラガスにぴったり！オランデーズソース

ホワイトアスパラガスを食べる時には欠かせない、定番のオランデーズソース。アスパラガス料理以外にも、エッグベネディクトなどにも使えます。卵や野菜はもちろん、魚や脂身の少ない肉のソースにしても美味。

●材料（2～3人分）

卵……3個
バター……50～75g
（※多いほど香りが良くなり、もったりとしたソースに）。
塩、ホワイトペッパー……各少々
【A】
白ワイン……大さじ2
レモン汁……小さじ1
砂糖……ひとつまみ

●作り方

1. バターは電子レンジ（600W）で50秒ほど加熱し、かたまりが残らないよう溶かしておく。
2. ステンレス製のボウルに卵黄と【A】を入れて湯の入った鍋の上にのせ、その蒸気であたためながら泡立て器で手早くまんべんなくかき混ぜる。
3. 白っぽくなりとろみがついてきたら、バターを少量ずつ数回に分けて加え、そのつど手早く丁寧にかき混ぜる。
4. ふんわりとなめらかになり、とろみがつけば完成。塩、ホワイトペッパーで味を調える。

レシピURL　https://oceans-nadia.com/user/26/recipe/127521

第4章

土地の恵みと人の知恵　チーズの王様　パルミジャーノ・レッジャーノ

　アルプス山脈をはるかに望む北イタリアの地に、ポー川という一本の川が流れています。イタリアとフランスの国境付近、アルプス山脈の一端に源を発するその川は西から東へと流れ、全長六五二キロメートルにも及ぶイタリア国内最長の川として知られています。たくさんの支流を持つポー川の流れは、時に洪水を引き起こしながら周囲の土地を潤《うるお》し、やがて日光のさんさんと降り注ぐ広大な緑の平原を作り上げました。活火山を抱える比較的乾燥した気候を持つイタリアという国にありながら、この土地は古くから肥沃な大地として知られ、ヨーロッパ有数の農業地として数多くの産物を育んできたのです。

　そんな場所こそが、今回の主役、パルミジャーノ・レッジャーノ・チーズのふるさと――。それどころか、あの名高いパルマハムやバルサミコ酢、また数々のワインも皆この土地の生まれなのです。

さまざまなチーズ

皆さん、チーズはお好きでしょうか――？

フレッシュチーズに、白カビチーズ、青カビ（ブルー）チーズ、ウォッシュチーズ、ヤギ乳（シェーヴル）チーズ、非加熱圧搾（セミハード）チーズ、加熱圧搾（ハード）チーズ――。ひと口に「チーズ」と言っても、味も見た目も質感も風味も、実にさまざまです。それに原料や作り方も少しずつ違っていますから、その多様さにはすっかり目を奪われてしまうほど。

最近では海外からもさまざまな種類のチーズがたくさん輸入されるようになりましたから、私たち日本人がそんなチーズを口にする機会も格段に増えてきました。けれど、チーズはあまりよく知らないという人でも一度はきっと耳にしたことのあるチーズ、それがこのパルミジャーノ・レッジャーノではないかと思います。

そもそもチーズとは、いったい何でしょうか――？

原料は動物の「乳」で、栄養が豊富。そして一般には、「発酵食品だから体にも良い」とも言われていますね。しかし、そんなたくさんの種類があるチーズの中でも、私たち日本人に特になじみがあるのは牛乳を主原料としたチーズではないかと思います。たとえば、今回の主役、パルミジャーノ・レッジャーノ。他にも、クセがなく何にでも合わせやすいゴーダチーズや、クリーミーさが魅力のカマンベールチーズなどがそうです。

しかし実は、ヒツジやヤギの乳なども非常によく使われる原料です。というより、昔のヨーロッパではむしろ、それで作られるチーズの方が主流でした。

なぜかというと、ヒツジやヤギというのは家畜の中でも特に飼育がしやすく、どんな厳しい気候にも適応するばかりか、わずかに生い茂った草さえあれば生きていけるので餌への配慮が格段に少なくて済んだからです。対してウシは、家畜として飼い慣らしたくても結構大きくて獰猛《どうもう》ですし、体が大きい分、良い乳を出させるためには餌も大量に必要とします。ですからウシは、長らく畑仕事などの力仕事がその主な役割でした。農耕具（犂《すき》）や荷車を引かせるのに使われていたのです。

さて、ではとりあえず何らかの「乳」は確保できたとして、それをあの「チーズ」というかたまりに加工するためには、いったいどんな手順を踏めばよいのでしょうか。人間が最初にどうやってチーズを作ったかについてはさまざまな説があります。中でも、最も有名、かつ「いかにもありそう！」と思えるのが、「たまたま動物の胃袋に乳を入れておいたら、いつのまにかかたまりができていた」という話――。つまり、昔は乳を保存したくても手ごろな容器がなく、持ち運ぶ時は解体したウシやヒツジの胃袋に入れていたわけなのですが、なんとそこに、偶然にも乳を固まらせる成分が含まれていたというわけなのです。

これが現在もチーズ作りに欠かすことのできない、レンネット（凝乳酵素）と呼ばれるものです。レンネットというのは、ウシ、ヒツジ、ヤギなどの反芻《はんすう》動物（四つの胃袋を持つのが特徴。食べた物を第一、第二の胃袋で消化しつつ、いったん口まで戻し、再び咀嚼《そしゃく》しながら消化・吸収するという消化システムを持つ）の第四胃袋に含まれていて、これは今でも伝統的なチーズ作りに使われています。なにしろ液体である乳は、そのままでは運ぶのも大変ですし、扱いもしにくい。何より、傷みやすくて日保ちがしません。たんぱく質やカルシウムが豊富で栄養価が高いのはうれしいのですが、保存技術の未熟な時代には、いくら乳がたくさんとれてもとても使い切れるものではありませんでした。ところがこのレンネットの発見によって、人々は「扱いにくい乳から水分だけを抜く」という目からウロコな方法を手に入れたのです。

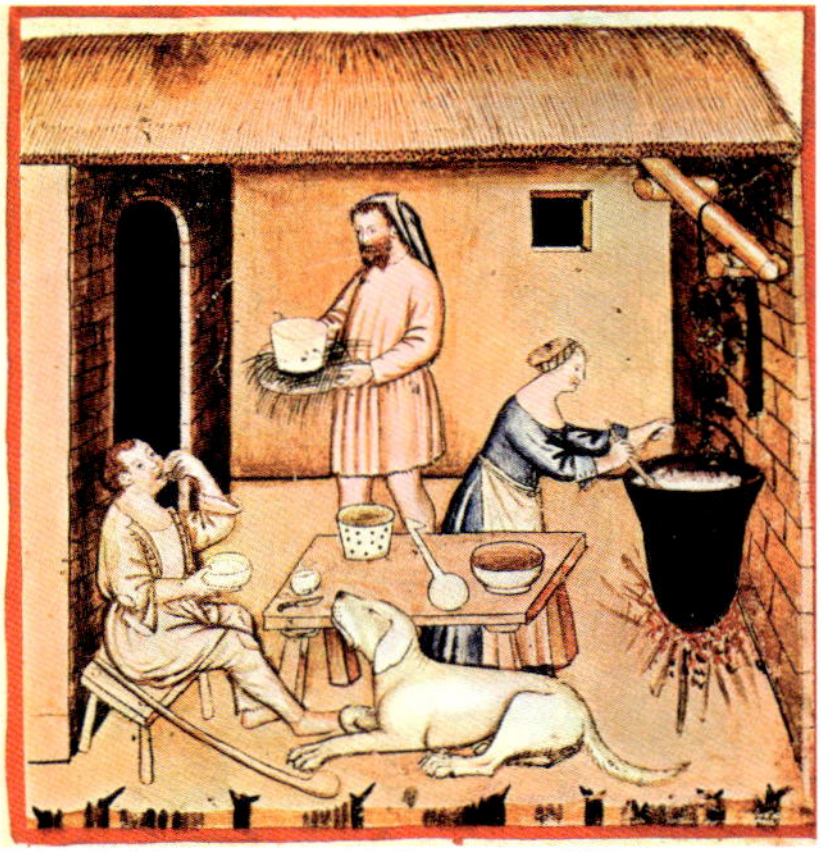
『健康全書』よりチーズを作っている様子

チーズ作りの工程というのは、おおまかに、温めた乳にレンネット（またはレモン汁などの酸）を加え、たんぱく質が固まってきたところでそれをかたまりとして取り出します。このかたまりのことをカード（凝乳）と言い、出てきた水分のことをホエイ（乳清）と言うのですね。最近では水切りヨーグルトを作る時などに出てきた水分のこともホエイと言ったりしますから、もしかしたら聞いたことがある方もいらっしゃるかもしれません。

ともかくも、次は、そうして取り出したカードをチーズ専用の型に入れて水分を切っていきます。この時に「型（ラテン語ではforma)」を使うから、フランス語ではチーズのことをフロマージュ（fromage)、イタリア語でもフォルマッジョ（formaggio）と言うのです。

そして、ここまでの工程は大体どのチーズでもほぼ同じですが、ここからが少しずつ違ってきます。つまり、あまり手を加えず、ふんわりなめらかな質感とミルクの風合いをいかしたり（フレッシュチーズ）。白カビや青カビの力を借りて熟成させ、独特の風味、舌ざわりを生み出したり（白カビチーズ、青カビチーズ）。ワインやブランデー、ビールなど、その土地その土地のお酒、ある

古代に使われていたチーズの型

いは塩水などでシンプルに洗いつつ、外皮に付着した菌で熟成を促したり（ウォッシュチーズ）。また水分の抜き加減を調節して、長期保存に適する形に仕上げながら、同時に熟成によるコクと旨みを引き出したり（セミハード、ハードチーズ）――。

そうやってチーズは、その土地ならではの気候やそこで生まれた菌によって育まれつつ、そこでしか作り出すことのできない独特の舌ざわりと風味を持つ食品へと生まれ変わるのです。

ヴィンチェンツィオ・カンピ画『リコッタを食べる人々』（1580年）

こうして作られたチーズには、実にさまざまな利点がありました。栄養豊富で保存性に優れ、しかもチーズのたんぱく質は乳である時よりもはるかに消化吸収が良いのです（ただし乳の状態により近いフレッシュチーズは除きます）。ですからチーズは、すでに古代ローマ帝国の時代から軍隊の携帯食として常備され、それは近代に至るまで変わることなく続きました。

また、乳やレンネットといった原料自体が手に入りやすかった農民にとっても、チーズは重要な栄養補給源でした。混ぜ物だらけの硬いパンや、野菜の切れ端が少し入ったただけのスープ――。そんな貧しい食生活の中でも、そこにチーズをかけるだけで栄養価が格段に上がり、またおいしく食べることができたのです。チーズが栄養豊富であることはすでに古くから知られており、救貧院などでは妊婦や病中病後の患者にチーズを与えるよう、わざわざ取り決められている場合も多くありました。しかし逆に、そんな庶民の頼もしい味方でもあったチーズだからこそ、ヨーロッパでは長い間、チーズには「貧しい人々の食べ物」というイメージがつきまとってしまうことになりました。

ところが、中世末期以降、そこに徐々に変化が生じてきます。その大きなきっかけの一つとなったのが、例のキリスト教です。第一章のオリーヴオイルとバターのところでも触れましたが、キリスト教には一年のうちのある一定期間、原則として一切の動物性食品をとってはならない日というのがあります。たとえば中世でいうと、それは年間一四〇～一六〇日にも上ったというのですが、その間、肉も魚も卵もチーズもいっさい口にせずに、野菜や穀物だけで乗り切るというのはやはりとても大変なことでした。そこで時代が下ると共に、魚はオーケー、卵もオーケー、そしてついにはチーズもオーケー！という風に、少しずつ取り決めが緩やかになっていったのですが、そこでチーズはとてつもなく大きな役割を果たすことになったのです。……そう、「肉がダメなら、チーズを食べればいいじゃない」というわけですね（ちなみに当時は、牛乳をそのまま飲むという習慣はほとんどありませんでした）。

同時にこの時期になると、それまでのヒツジやヤギの乳を主原料としたチーズと並び、ついに牛乳から作られたチーズが台頭し始めます。そしてその最たるものこそが、かの「イタリアチーズの王様」、パルミジャーノ・レッジャーノだったのです。

そこには、一山まるごとすりおろしたパルミジャーノ・レッジャーノでできた山があり、その上に暮らす人々のすることといったら、マカロニとラヴィオリを作るだけ。それをチキンスープで調理して、下の方へところげ落とすんだ。そして、誰もがみんな食べ放題……

（ボッカッチョ『デカメロン』八日目第三話）

これは、一四世紀半ばのイタリアで書かれた『デカメロン』という小説の中に登場する、ある「楽園」の様子です。そこにはなんと、ワインでできた河が流れており、ぶどうの木には焼きソーセージがぶら下がっている。家々の壁は魚で、屋根の部分はハムでできていて、道では脂ののったガチョウがひとりでに回る焼き串に刺さって、それはもうおいしそうにこんがりと焼けています。行く先々には真っ白なテーブルクロスのかかった食卓が並び、欲しい物は何でも好きに食べたり飲んだりできる。しかも働くことが禁じられているので、誰もが一年中、のらりくらりと遊んで暮らせる――。

ピーテル・ブリューゲル（父）『怠け者の天国』（1567年）

実は、当時のヨーロッパでは、こうしたおいしそうな食べ物であふれかえる「楽園」のイメージが各地で大流行していました。現実には生活が苦しく、日々の食べ物にも事欠くことが少なくなかっただけに、誰もがこんな楽園を思い描いては、「毎日ゴロゴロしながら、おいしいものをお腹いっぱい食べられたらいいのになあ！」と憧れていたのですね。

しかし何より驚くのは、なんとここですでに「おいしいものの代名詞」として、あのパルミジャーノ・レッジャーノの名前が挙げられていることなのです。すりおろしたパルミジャーノ・レッジャーノがこんもりと山盛りにされてできた山――。そう、イタリアの人々にとっては、それこそが「楽園のごちそう」には欠かせないイメージだったのでした。

それではそんなパルミジャーノ・レッジャーノは、いったいいつ頃からこんなにも有名になったのでしょうか――？

アルプス山脈の南側、ポー川流域の限られた地域で生産されるパルミジャーノ・レッジャーノの歴史は古く、すでに中世には品質の良いおいしいチーズとして名前が挙げられています。たとえば、イタリア各地の特産品に大きな関心を寄せていた一五世紀の人文主義者プラティーナ（バルトロメオ・サッキ、一四二一～一四八一）は、チーズについて次のように言います。

〈イタリアでは〉二種類のチーズが王座を競い合っている。ひとつはトスカーナで三月（マルツォ）に作られるマルツォリーノで、もうひとつはチザルピーナ地方で作られるパルミジャーノである。
（プラティーナ『真の喜びと健康について』）

ポー川とその周囲に広がるポー平原

ここで言われている「チザルピーナ（Cisalpina）地方」というのが、まさにアルプス山脈の南側、あのポー川のあたりのことで、もともとはラテン語で「（ローマから見て）アルプスのこちら側」のことを意味していました。

ポー川の周囲に広がる谷は、もともと湿地帯で水はけが悪く、氾濫や洪水が頻繁に起こる場所として知られていました。ところが、一二世紀頃まではベネディクト会やシトー会といった修道士たちの手によって大規模な灌漑《かんがい》事業が行われ、この土地はイタリア屈指の農業地帯へと生まれ変わったのです。

そして同時に、このポー川の灌漑事業は、チーズの世界にも大きな変革をもたらすことになりました。つまり、広大な平野が確保されたことで大量の牧草を育てることが可能になり、それを食べるウシを飼うことができるようになったのです。このことは、チーズ作りの歴史においても大変大きな意味を持っていました。何しろ体が大きい分、ウシの飼育には大量の餌を必要とします。またチーズ作りに関して言えば、大きなチーズを作ろうとすればするほど、大量の牛乳が必要となってきます。つまり、ポー川流域が耕作可能な土地へと生まれ変わったことで、その乳牛の餌となる牧草や飼料をたくさん確保できるようになったのです。ここに、乳牛の飼育というチーズ生産にとっての新たな可能性が開かれたのでした。

先にお話しした通り、チーズはキリスト教世界にとってもある特別な需要がありました。チーズは宗教上、「肉を食べることを控えねばならない日」に、肉の代わりになるものとして重宝されていたのです。さらにイタリアの場合には、「国民食」とも言えるパスタという食品があります。パスタはすでにその原型らしきものが古代ローマ帝国の時代から食されている伝統ある食べ物ですし、すでに十世紀頃には味付けと栄養を考えてチーズとセットで食べるという習慣がありました。そんな風にしてチーズそのものの需要が高まるなか、このポー川の流域では乳牛の生産が盛んとなり、やがてはチーズの原料も、それまでの伝統的なヒツジの乳に替わって牛乳が中心となってゆくのです。

先ほどの人文主義者プラティーナが挙げていた、「イタリアで王座を競い合っている二種類のチーズ」。トスカーナ地方のマルツォリーノと、チザルピーナ地方のパルミジャーノ。マルツォリーノは、伝統的なヒツジの乳を原料としたチーズ（ペコリーノと総称）の一種です。一方、われらがパルミジャーノの原料は牛乳ですね。

ヒツジの乳のチーズから、牛乳のチーズへ――。プラティーノが生きた一五世紀という時代、まさに牛乳は、ようやくチーズの原料としてヒツジの乳と肩を並べ始めます。このような動きは、イタリアチーズの歴史において大きな分岐点となり、以降、チーズの生産はさまざまな形で多様化していきました。そしてその時、真っ先に牛乳チーズの代表として名前が挙がったのが、まさしくあのパルミジャーノ・レッジャーノだったのです。

さて、そんなパルミジャーノ・レッジャーノ・チーズ、大きな特徴のひとつが、一個あたり四〇キログラムにもなるというその大きさです。単純に見積もっても、これを一個作るには約五五〇

硬く、太鼓のような形が特徴的なパルミジャーノ・レッジャーノ・チーズ

リットルもの牛乳が必要だそうですが、そんな大きくて硬いチーズを作るためには、大量の牛乳と多くの労働力のほかに、何よりチーズ作りに関する知識と技術が不可欠でした。そのため、当初パルミジャーノ・レッジャーノというチーズの製造には、ポー川の灌漑事業に従事した修道士たちの功績が大きかったのではないかと推測されています。というのも、本来あのような大型のチーズはアルプスなどの山の上で作られる「山のチーズ」に見られるもので、そのようなチーズを作っていた者の多くは、ほかならぬあの修道士たちだったからでした。

見た目がどこかパルミジャーノ・レッジャーノを思わせる「山のチーズ」は、何よりその「硬さ」と「大きさ」で知られています。それはひとえに、厳しい冬に備えて保存が効くようにするためと、山の上からでも運びやすくするためです。そして、これほどの大きなチーズを作ることができるのは、製造過程でしっかりと水分を抜き、圧搾しているから。つまりこのポー川流域という土地には、そんな高度なチーズ作りの技術を持つ修道院とのつながりと、「山のチーズ」のふるさとであるアルプス山脈へのアクセスの良さという好条件が揃っていたのです。

そしてさらに、ポー川という水源は、豊かな牧草地を育み、牛乳という新たな原材料をもたらしてくれただけでなく、重要な交通路としても機能していました。ポー川をずっと下って行くと、やがてはアドリア海へと出ます。そこには古くから交易で栄えてきた、あの水の都ヴェネツィアがありました。パルミジャーノ・レッジャーノは海上貿易の拠点として栄えてきたこのヴェネツィアから船に乗せられ、地中海地域のさまざまな場所へと運ばれていきました。そしてやがては遠くイギリスにまで運ばれて、大変高い評価を受けたのだそうです。

そしてヴェネツィアにはもう一つ、チーズ作りには決して欠かすことのできない塩がありました。何と言ってもヴェネツィアは昔から塩の製造・流通で有名な都市でしたので、山の上でのチーズ作りでは使えなかった大量の塩をポー川に沿って運び、チーズ作りの原料とすることができたのです。こうして塩をふんだんに使った丈夫な大型のチーズは、一層保存性が高まり、また海を渡っての輸出にも耐えるものとなっていきました。

ポー川という自然の恵み。チーズ作りに関する豊かな知識と経験。チーズの普及に役立つ流通ルート。そして、チーズ作りには欠かせない塩の確保――。

ポー川流域に揃ったこれらの好条件は、パルミジャーノ・レッジャーノ・チーズそのものの品質・味の良さと相まって、このチーズにより大きな名声をもたらすことになったのです。

しかしもちろん、パルミジャーノ・レッジャーノというチーズが特別だった理由はこれだけではありません。そこには何より、現代まで続く、このチーズの味と品質の良さを守ろうとする人々のさまざまな努力がありました。

もともとこのチーズは、いわゆるグラーナ（粒）状タイプのチーズといって、中身を触ると指でぽろぽろと砕くことができる質感を持っています。こうしたチーズは、同じような歴史的・文化的背景を持つこのポー川流域の他の場所でも多く作られており、たとえばグラーナ・パダーノというチーズは特に有名です。というより、もとはパルミジャーノ・レッジャーノもこのチーズの仲間でした。しかしパルミジャーノ・レッジャーノの場合は、乳牛の飼育からチーズの製造・熟成まで、厳格な基準を設けて厳しく品質を管理しているため、現在では法的にもこのチーズだけは「特別なチーズ」として他から明確に区分されているのです。

それを証明するのが、このパルミジャーノ・レッジャーノのパッケージに付けられた赤と黄色のマークです。これは「原産地名称保護制度」(英語でPDO、イタリア語ではDOPと略記)といって、「その製品の性質が、定められた産地の原材料、気候、土壌の性質、その他の地域要素に由来することを証明し、かつ同地域内で生産、加工、調整されたものでなければならないと定められていること」を示すマークです。

こうして欧州連合(EU)の法律によって明確に区分されたパルミジャーノ・レッジャーノというチーズは、現在、ポー川流域(厳密には、パルマ、レッジョ・エミリア、モデナの各県全域とボローニャ県の一部、マントヴァ県の一部にあたる、約一万平方キロメートルほどの限られた地域)で生産され、チーズ作りの長年の伝統と手法を厳

原産地名称保護制度(PDO)認定製品であることを示すマーク。パルミジャーノ・レッジャーノ・チーズのパッケージにも貼られている。

格に守って今日に受け継がれています（パルミジャーノ・レッジャーノ・チーズ協会ＨＰより）。

先ほどチーズは、その土地その土地の自然環境や風土に味や見た目が大きく左右されるものであるというお話をしました。それはつまり、パルミジャーノ・レッジャーノの場合もしかり――。ほんの少し地域がずれるだけでも条件は変わり、歴史的・文化的背景が変わり、生産方法が変わり、ついには味が変わってしまいます。だからこそこのチーズは、右記のような地域で生産されたもののみ、その名を名乗ることが許されるのです。

日本の食品がそうであるように、ヨーロッパの食品も多くは、その地域のあり方と密接に関わっています。本来、パルマ地方産の産物や住民一般を表す表現だった「パルミジャーノ」という言葉は、チーズの評判が上がると共にこのチーズそのものを指すようになりました。一方、「レッジャーノ」という言葉もまた、このチーズの主要生産地の一つであるレッジョ・エミリアから来たもの――。だからこそイタリア政府は、生産者すべてがその権利を等しく保護されるよう、すでにこのチーズの生産者団体であるパルミジャーノ・レッジャーノ・チーズ

PDO製品として認められた本物のパルミジャーノ・レッジャーノだけに入れられる焼印。「CONSORZIO PARMIGIANO REGGIANO（パルミジャーノ・レッジャーノ・チーズ協会）」とある。

協会が提示していた「パルミジャーノ・レッジャーノ」という名前を正式な登録名称としたのです。忙しい現代では、いわゆる「粉チーズ」の総称のように使われる「パルメザンチーズ」も便利なものです。しかし、やはり本物のパルミジャーノ・レッジャーノを口に含んだ時に広がる豊かな風味は、何ものにも代えられない素晴らしさがあります。

豊かなポー川の自然と、工夫を重ねながらも伝統の手法を守り通す職人たち。そして、どんな料理にも調和しながら、忘れられないおいしさの余韻を残してくれるチーズ、パルミジャーノ・レッジャーノ――。

味のおいしさや品質の良さもさることながら、パルミジャーノ・レッジャーノというのはその生産地域と密接に結びつきながら発展してきた素晴らしいチーズであり、その土地の自然と人によってしか生み出すことのできない深い味わいを持っています。それこそが、「イタリアチーズの王様」と呼ばれる本物のパルミジャーノ・レッジャーノの味わい。そんな意味でもこのチーズは、まさしく「王様」に違いないのです。

日本にいながら、世界各地のおいしい食べ物に出会える現代――。私たちも、時折このパルミジャーノ・レッジャーノを取り巻く物語のことを思い出しながら、その土地その土地の生産物を大切にし、それを本当の意味で楽しめるような素敵な時間を持ちたいものですね。

手作りフレッシュチーズ

牛乳を使って作ることのできる簡単チーズ。温めた牛乳にレモン汁を加えて混ぜるだけですが、チーズ作りの醍醐味とも言えるホエイ（乳清）とカード（凝乳）の分離をしっかり体験することができます。できたチーズはカッテージチーズやリコッタチーズのように楽しんで。ホエイの方は、蜂蜜などを加えてドリンクにしてもおいしいですよ。

●材料（牛乳１ℓ分）

牛乳……１ℓ（※パッケージの「種類」という所に「牛乳」と表示があるもの）
塩……ふたつまみ
生クリーム……100cc
レモン汁……大さじ３

●作り方

1. 鍋に牛乳、生クリーム、塩を入れて中火にかけ、温まるまで時折かき混ぜる。
2. 沸騰直前に弱火に落とし、レモン汁を大さじ１ずつまわし入れながらそのつどゆっくりかき混ぜる。
3. ほろほろと固まり出したら火を止め、あとは触らずに10分おく。
4. ボウルにザルを重ね、さらにガーゼ（厚手のキッチンペーパーや不織布でも可）をのせて、上からおたまで３を注ぎ入れる。そのまま水けが切れるまで２時間ほどおく。

レシピURL　https://oceans-nadia.com/user/26/recipe/126384

●作り方

1.電子レンジでクロカンテを作る。パルミジャーノ・レッジャーノ・チーズをすりおろし、クッキングシートの上に均一に広げて 2 分 30 秒加熱し(600W)、取り出して冷ます。

2.鶏もも肉は余分な脂肪を取り、厚みが均一になるように開いて筋を切る。【A】をなじませて室温で 30 分置いた後、220 度に予熱したオーブンで 20 分焼く。取り出して 10 分置き、肉汁を落ち着かせたら食べやすく切る。

3.サラダ用野菜を皿に盛り付け、その上に鶏肉と適当な大きさに砕いたクロカンテをのせる。よく混ぜ合わせたドレッシングを添えていただく。

レシピ URL　https://oceans-nadia.com/user/26/recipe/128918

ハーブチキンとクロカンテ（チーズチップス）のごちそうサラダ

パルミジャーノ・レッジャーノ・チーズで作った風味抜群のクロカンテ（チーズチップス）をのせたごちそうサラダ。ジューシーに焼き上げたチキンとたっぷりの野菜も入って食べごたえ満点です。

●材料（約４～６人分）

鶏もも肉……大１枚
パルミジャーノ・レッジャーノ・チーズ……30g
好みのサラダ用野菜……適量

【A】
白ワイン……大さじ１
塩……小さじ 1/4
胡椒、ガーリックパウダー、好みのハーブ……各少々

【ドレッシング】
みじん切り玉ねぎ……1/4 個分
白ワインヴィネガー……大さじ２
EXV オリーヴオイル……大さじ３
塩……小さじ 1/8
胡椒、好みのハーブ……各少々

第5章

庭に育つハーブ、海を渡るスパイス

毎日の暮らしのなかで異国の雰囲気を身近に感じさせてくれるもののひとつに、ハーブやスパイスがあります。何か料理を口にした時にふわっと匂い立つ、あの香り——。「あ、なんだか、海外にでも来たような気分」。日本にいながらにして世界中の料理が食べられるようになった今の時代には、そんな風に思うことも少なくはありませんよね。

わさびに七味唐辛子、柚子胡椒、山椒。それに、青じそ（大葉）やミョウガ、ねぎににんにく、ショウガなど——。日本にも、そんな毎日の食卓で活躍してくれるおいしい薬味がたくさんあります。ご存じの通り、薬味には、食欲を増進させたり、おかずの腐敗を防止したり、健康に役立つ効果を期待できたりと、実用的でうれしいこともまたいっぱいなのです。こうした食材は、ただおいしいというだけでなく、まさに生活の知恵そのものでもあるわけです。

さて、ほんの少し添えてあるだけで存在感を放つ、そんな香味野菜や香辛料。そういったものは、もちろんヨーロッパにもたくさんあります。それが、ハーブやスパイスと呼ばれるものです。料理に使えば、ほんの一振りするだけで、ちょっとした小旅行にでも出たような気分になれてしまうことも。逆に欧米の人たちが、わさびというとすぐにヘルシーな日本食を思い出すというのと少し似ています。今回は、そんな少量でもたちまち人を虜《とりこ》にしてしまう、大変魅力的なハーブとスパイスの世界を覗いてみることにしましょう。

ところで皆さんは、「ハーブ」というと何を思い浮かべますか？　そして「スパイス」というと、いったい何が一番に思い出されるでしょうか——？

実は、よくよく考えてみると、「ハーブって何？」「スパイスってどれのことを言うの？」と迷ってしまうことも少なくないかもしれません。

たとえば、今や日本でも定番となった、さわやかな香りが魅力のローズマリーはハーブでしょうか？　それともスパイスでしょうか？

通常このローズマリーは、口にする場合、いわゆる「キッチン用ハーブ」という表現がされることが多いように思います。要するに、「料理に使用される、香りや風味をプラスすることのできる植物」といった意味合いですね。しかし、それならスパイスにだって、似たような役割はあるはずです。

さまざまなハーブやスパイス。真ん中がローズマリー、左下はさまざまな色合いの胡椒。

では次に、私たちの毎日の食事作りにもよく登場するおなじみの胡椒を考えてみましょう。ちょっと本格的な料理の本などを開いてみると、ブラックペッパー、ホワイトペッパー、グリーンペッパー、ピンクペッパーなど、いろいろなタイプの胡椒の名前が出てきます。そう、いわゆる「胡椒」と呼ばれるものには、黒や白、緑、ピンクと、実は結構種類があるのです（ちなみにレッドペッパーは、胡椒によく似ていますが、厳密にはコショウボクという名の別種の植物です）。

しかしこれは、ハーブなのでしょうか？　それともスパイスなのでしょうか？

「胡椒はスパイスでしょう。だって、『香辛料』だから」。

そうですね。胡椒はあの刺激的な香りだけでなく、食べると少しピリリとしますから、きっと多くの方がそうおっしゃると思います。けれど、実はこれもよく考えてみると、「香辛料」というのは読んで字のごとく、「香りや辛さなどの風味づけ（場合によっては色づけも）ができる食材」のことですから、ハーブとの区別というのが案外あいまいな気もします。それにもしも「辛さ」という部分が基準になるのなら、たとえばシナモンやクローヴ（丁字）などは、到底、香辛料とはみなされないことになってしまいます。

実は、「ハーブ」や「スパイス」という言葉から具体的に思い起こされるものは、人によってもかなり違ってくるのです。女性に人気のアロマテラピーや、健康に良いとされるハーブティーなどを考えてもわかる通り、何しろハーブやスパイスは、毎日の食事だけでなく心身のケアにも役立つものです。ハーブティーの中にも刺激的でスパイシーな香りのするものが入っていることはありますし、また、たとえば「キッチン用ハーブ」の中にも、先ほどのローズマリーやミントのようにかなり風味が強く、ほんの少し口にしただけでもスッキリと頭が冴え渡るような爽快感があるものもあります。

ですからハーブやスパイスを定義する場合には、「どこに目を付けるか」によってその具体的な内容が変わってきます。

たとえば料理をする方からは、こんな意見をよく聞きます。

「『ハーブ』というのは、生の葉っぱのことを言うのではないですか？　だって、ローズマリーにしてもバジルにしてもタイムにしても、全部緑色をしている『葉っぱ』の部分を使っているでしょう」。

「逆に、『スパイス』といったら、なんとなく乾燥しているものが多い気がします。胡椒にしても、カレーによく使うコリアンダーやクミンにしても、あれはどう見ても『実』だとか『種』の部分を乾燥させたものですよね？」

これも、言われてみれば確かにそうかなと思ってしまいそうな、とても説得力のある意見です。しかし残念ながら、さまざまな「ハーブ」や「スパイス」と呼ばれるものをひとつひとつ見ていくと、この場合もまた分類に困ってしまうものがあることがわかるのです。

たとえば、今やパクチーという名前で日本でも大流行している食材のひとつ、コリアンダー。英語ではコリアンダー、中国語ではシャンツァイ、タイ語ではパクチーと呼びますが、これは結局、全部同じ植物のことですね。コリアンダーは、ご存じのように葉や茎の部分はそのまま生で食されますが、実は根の部分も強い風味を持っていて食べることができます。また種子は、完熟したものを乾燥させて、カレーやサブジなどのスパイシーな料理にもよく使われます。

葉、茎、根、乾燥した種子と、すべて食べることのできるコリアンダー

これは、たとえばマスタードにしても同様です。私たち日本人がよく知るそれは、マスタードの種子をワインや酢、果汁などの水分に漬けてやわらかくしてから味を調整したもののことですが、本来は、葉の部分もサラダなどにトッピングしてそのまま食べることができます。こうなってくると、もはやハーブとスパイスを、葉や花、あるいは茎、根、種子など、使われる植物の部位によって分類するのは難しくなります。そしてまた、生だとか乾燥したものだといったことで分けることもできなくなってしまうのです。

実際、こうしたハーブとスパイスの区別があいまいなのは、何も私たち日本人のあいだに限ったことではありません。何が「ハーブ」で、何が「スパイス」なのか——。これは実はヨーロッパでも、おそらく人によって言うことが違うだろうと思います。

しかしヨーロッパの場合には、なんとなくひとつの共通理解のようなものがあり、それが「ハーブ」や「スパイス」と言った時に思い浮かべるものの、ぼんやりとしたイメージに強く結びついているようです。そんなことは、具体的には言葉の成り立ちを見ていくことでよくわかるので、ちょっとたどってみることにしましょう。

「ハーブ（herb）」——。これは、もとは英語です。そしてさらにその起源をたどっていくと、ラテン語で「草」を意味する「herba」という単語にいきつきます。しかしこれは、何も食材としての「草」だけではありません。ヨーロッパでは昔から薬効のある植物を病気の治療に使ったり、健康茶として飲んだりしていたので、そういった何らかの役に立つ「草」が家々の周りの庭にはたくさん生えていたのでした。

一方、「スパイス（spices）」という言葉はどうでしょうか――？　こちらはラテン語の「スペキエース（species）」という語に由来しており、ヨーロッパでは昔からよく、「遠方から運ばれてくる品物」という意味で使われることがありました。つまり、遠くの土地から運ばれてくる物資を扱う税関の役人たちの間では、おそらく、「今日、どこどこから例の〝品物《スペキエース》〟が届く」などというやり取りがされていたのです。ですから昔は、それは必ずしも現在私たちが「スパイス」や「香辛料」と呼んでいるような物ばかりを指していたわけではありませんでした。たとえば、はるばる遠方からヨーロッパへと運ばれてきた香料や薬品、そして砂糖や染料さえもが「スペキエース」と呼ばれていたのです。

しかし、その中でもとくに貴重で高価だったものこそが、まさにあの「スパイス」や「香辛料」でした。何しろ英語の「スペシャル（special）」という単語は、もとを正せばこの「スペキエース」と関連の深い言葉です。こうしたことからも、そうやって時にははるばる海をも越えてもたらされた品々がいかに「特別な」ものとみなされていたかがわかりますね。

実際、シナモンにしても、胡椒にしても、ショウガやクローヴにしても、現在「スパイス」と表現されているものの多くは、本来ヨーロッパの気候では育ちにくい植物ばかりです。それは陸上、海上、さまざまな経路でヨーロッパへともたらされましたが、それには当然、時間も、そして輸送費もかかりました。生の状態のままだと、傷んでしまったり、かさも増えてしまって、余計に運ぶのが大変でした。そのため、「スパイス」というのは乾燥した保存のきく状態であるものが多く、またそれだけに、少量でも香りや色、風味の強いものが多いわけです。そしてそんなスパイスは、高額な関税をかけられて取り引きされ、ようやくヨーロッパの人々の食卓へと並べられたのでした。

さて、それではヨーロッパの人々にとってより身近だった「ハーブ」の方は、具体的にどんなものがあるのでしょうか?

ここに、歴史上有名な、いくつかの庭園の栽培ハーブのリストがあります。たとえば、フランク王国の王にして西ローマ帝国の皇帝となったかの名高いカール大帝（シャルルマーニュ、七四七/七四八~八一四）は、自らの領地の庭園に、実に七三種類ものハーブと一六種類の果樹を植えるよう指示を出していました。そして、七世紀に創建され、中世のヨーロッパで「知」の一大中心地として繁栄をみたスイスのザンクト・ガレン修道院では、現在に残る九世期頃の平面設計図に、同様の果樹園や菜園、そして薬草園の記載がしっかりと確認できます。

ここに植えられていた一六種類のハーブの中には、現在私たち日本人にはあまりなじみのないものもたくさんあります。しかし、たとえばローズマリーやペパーミント、スペアミント、セージ、クミン、フェンネルといったあたりならば、ハーブをあまりご存じないという方でも一度はどこかで耳にされたことがあるのではないでしょうか。

さて、ここで面白いのは、この中にあのクミンという植物の名前があることです。このクミンは、現在ではカレー粉のスパイシーな香りのもとになるものでもあることから、どちらかというと「スパイス」としてのイメージの方が強いのではないでしょうか。しかしこのリストを見る限りでは、どうやらクミンは、ヨーロッパの人々にとってかなり古くから親しみのあるものだったようです。つまり先ほどの、「ハーブ」は身近な場所にあるもの、「スパイス」ははるばる遠くからもたらされたものという区分で言えば、クミンはむしろ、カール大帝の時代には「ハーブ」だったというわけですね。

このほかにも、ギリシアやローマの文化が古くから栄えていた地中海周辺では、アニスやローリエ（月桂樹）、キャラウェイ、マジョラム、パセリ、ルッコラ、タイムなどがすでに知られてい

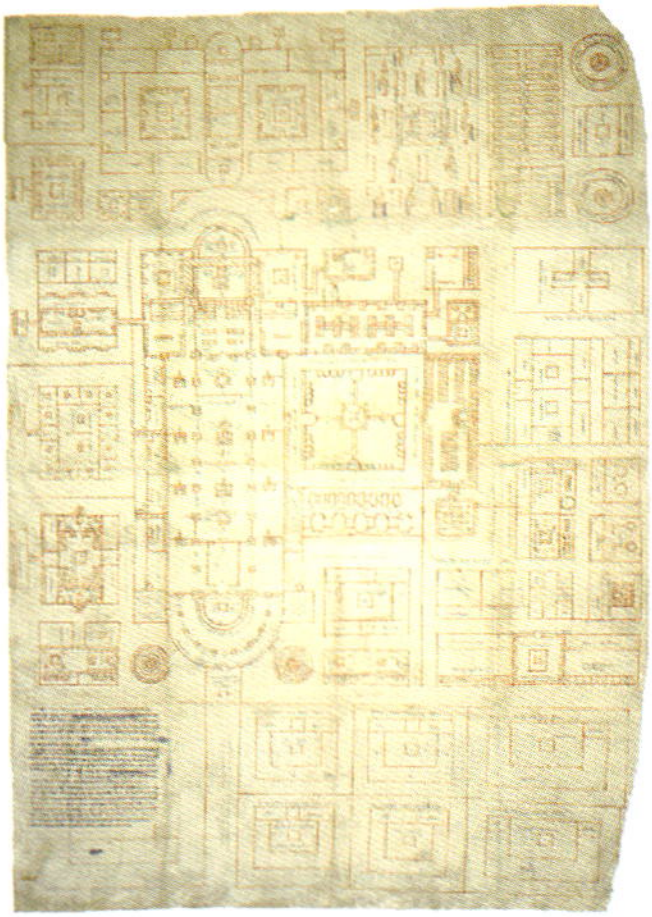

ザンクト・ガレン修道院の平面設計図。左上が薬草園。カール大帝の薬草園をもとに構想したとされる。

ました。つまりこれらのものこそが、ヨーロッパに古くからあった「ハーブ」たちなのです。

こうした香り高いハーブやスパイスは、主に医療や食用、そして宗教儀式に用いられていました。たとえば、古代エジプトのファラオの墓から発見されたミイラの防腐処理に香料が使われていたように、そもそも「良い香り」というのは、古くから多くの宗教でまさしく清浄の象徴でもあったのです。

主はモーセに仰せになった。

上質の香料を取りなさい。すなわち、ミルラの樹脂五百シェケル、シナモンをその半量の二百五十シェケル、匂い菖蒲二百五十シェケル、桂皮を聖所のシェケルで五百シェケル、オリーブ油一ヒンである。あなたはこれらを材料にして聖なる聖別の油を作る。すなわち、香料師の混ぜ合わせ方に従って聖なる聖別の油を作る。

（「出エジプト記」第三〇章第二二～二五節）

神に捧げる供物は香料によって清められねばなりませんでしたし、かぐわしい香りを放つ聖なる油は祭具などあらゆるものに振りかけられ、それを神聖なものへと変えました。つまり「良い香り」というのは、それだけで悪しきものや魔を払う特別な力を持つと考えられたのです。ですから、尊い聖者の身体からはえも言われぬ芳香が立ちのぼるということになります。そして良い香りそのものが持つそんな聖性は、中世のヨーロッパで多くの死者を出したペスト（黒死病）の毒性をも中和し、浄化すると考えられたのです。

一方、食との関連で言うと、ハーブやスパイスは、第一に食材の腐敗を防いだり、古くなった食物をおいしく食べるための大いなる工夫でもありました。比較的保存のきく穀物や豆類ならばいざ知らず、とくに魚や肉、乳製品のような動物由来の製品は非常に傷みやすかったからです。保存には燻製《くんせい》や塩漬けといった方法もありましたが、それでも時間が経つとやはり味は悪くなってくるので、それを補い、誤魔化すためにも、こうしたハーブやスパイスは毎日の暮らしに欠かせないものでした。つまり現在のように料理の味を洗練させるためというよりは、まずはその実用的な役割を期待されていたわけです。

そしてもうひとつ、ヨーロッパには伝統的に、「心身の健康を保つにはまず食から」という考え方がありました。いわば、ヨーロッパ流の医食同源とも言うべきものです。古代ギリシアに由来するそうした医学の体系では、世界は四つの元素（風・水・火・土）からできており、人間の身体の中にもまた、その四種に対応する体液（血液・粘液・黄胆汁・黒胆汁）があるとされていました。そしてこの四つの体液のバランスが取れた状態こそが理想的な「健康」であり、バランスが崩れれば「病気」になる――。

そして、ここで問題となるのがまさに「食」だったのです。何しろこの「健康」と「病気」の基準となる体液というのは、ほかでもない、「その人が食べたもの」から作られるとされていたからです。だからこそ、「何を、どう食べるのか」ということがとても重要になりました。

（…）医術のより強力な最終目標とは、確実な食餌法である。／それを守らないと、あなたは愚かな間違ったやり方をしているということになる。／どんな性質のものを、何を、何時、どれだけの量を、何回、何処で与えるべきか、／医師は、それらの食餌法にかなう食物を注意深く摂らせる必要がある。

（『サレルノ養生訓』五五）

こうした知識は、有名なガレノスをはじめとする古代ギリシア・ローマの医学者たちによって整理されたものでした。しかしローマ帝国が崩壊してしまうと、ヨーロッパでは修道院などを中心に細々と伝えられていくことになります。そして他方、イスラーム圏でもそうした知識が継承

『サレルノ養生訓』印刷本初版の扉絵（1840 年）

されて、大々的に体系付けられたのです。そして一二世紀頃になると、この二つの流れがヨーロッパで起きた一大知的ムーヴメント（いわゆる一二世紀ルネサンス）のなかで再び合流し、大学の発展などを通じてヨーロッパ中へと広まっていきました。

このような動きの中で成立したのが、この『サレルノ養生訓』という書物です。これは南イタリアのサレルノという地でまとめられたいわゆる健康ガイドブックのようなものですが、ここではヨーロッパに古くからあったアニスやセージ、そして「品物《スペキエース》」として持ち込まれてすっかり定着した胡椒などの効能が、パンやワイン、肉といったおなじみの食べものと並んで紹介されています。

パンは、焼きたての熱いものや古くなったものはよくない。／発酵して目が粗く、よく焼けており、／ほどよく塩気があり、良質の穀物で作られたものがよい。／パンの皮は食べないほうがよい。／体内の胆汁が焦げつくからである。／パンは、少し塩気があり、発酵し、よく焼け、精選されたものであれば、／健康に良い。が、そうでないと、これはあなたにとって不健康である。

（『サレルノ養生訓』一九）

ワインがないと、豚の焼肉は子羊の肉に劣る。／ワインを注ぐなら、豚肉は良い食べものとなり身体には薬となる。

（『サレルノ養生訓』二〇）

アニスは、視力をよくし胃を強くする。／より良いアニスは、甘味に富んでいる。

（『サレルノ養生訓』五〇）

（…）サルビア〈セージ〉は、神経を強くし、手の震えを無くし、／急性の激しい熱も、サルビアの力には抗しきれず退散する。（…）サルビア、それこそ病気からの救済者であり、自然界の調停者である。

（『サレルノ養生訓』五九）

黒コショウは、食物を速やかに分解させる。／これは、粘液を除去し、消化を促進する。／白コショウは、胃に有益で、咳や苦痛を止めるのによくきく、／熱の昂進と悪寒戦慄を防げる。

（『サレルノ養生訓』七四）

胡椒というのは、ヨーロッパにおいても非常に早い時期に入ってきた「品物《スペキエース》」、すなわち「スパイス」のひとつです。インド産の胡椒はすでに紀元前六世紀か五世紀にはヨーロッパに紹介されており、他のスパイス同様、最初は医薬品として持ち込まれました。しかし、やがてすぐに食品としても利用されるようになります。輸送経路も複雑なため、価格は決して安くはありませんでしたが、それでもローマ帝国の人々の間では大変な人気を博していたようです。

コショウを使うのがこれほど好まれるようになったのは驚くべきことである。実際、他のものは、甘い味のために喜ばれたり、見ばえのよさで人を引きつけたりするのに、コショウは干した実も新鮮な実も人に勧められるようなところは別にない。それなのに、ただ刺激の強い、ぴりっとした辛味のために好まれ、しかもこれをインドにまで求めに行くとは。一体、誰が初めてコショウを食べ物に入れてみようとしたのだろう。（中略）コショウもショウガも両方とも原産地では自生するのに、それにもかかわらず、こういうものを金や銀のように秤で計って売買している。

（大プリニウス『博物誌』第一二巻第一四章第二九節）

中世には「胡椒のように高い」という表現があったように、当時、胡椒はスパイスのなかでも最も高価で人気のあるものでした。こうした胡椒をはじめとするスパイスの需要は中世を通じて熱狂的な高まりを見せますが、やがて時代が下ると、新しい航路の発見や、ポルトガルやオランダらによる香料諸島への進出などにより、スパイス自体がより手軽にヨーロッパへともたらされることになります。また、クローヴやサフランなどのように、ヨーロッパへの移植や地元での生産に成功したケースもありました。

そして皮肉にも、こうして供給量が飛躍的に伸びたことで、スパイスが帯びていたその「特別な」ものとしての輝きは薄れ、その流行は徐々に下火となっていきました。かつては貴族と平民を差別化するものでもあった、珍しくて高価な、憧れの「スパイス」――。しかし一七〜一八世紀の啓蒙主義の時代になると、それは一般にも普及し、今度は市民の食卓を彩るようになっていったのです。

こうして、もともとヨーロッパにあった「ハーブ」と、遠くからもたらされた「スパイス」は、今や共に手頃な価格となり、誰もが容易に入手できるものとなりました。それらは、ある時には健康を維持したり、食品の保存に役立てられたり、毎日の家事や食事作りに使われたりと、さまざまな形で活用され、生活のなかに深く根付いていったのです。

現在、私たち日本人は、ハーブもスパイスも、さまざまな種類のものをさまざまな形で気軽に楽しむことができます。そして、「何がハーブで、何がスパイスか」というその定義については、きわめて多種多様な解釈がなされています。しかし少なくとも、ヨーロッパの感覚で言うと、ハーブというのはいつもそのあたりに生えていて、毎日気軽に摘み取ることができるなじみの深いもの——。それに対してスパイスというのは、どこか遠い異国の匂いがして、エキゾチックで、ちょっぴり高価で、料理をいっそうおいしくしてくれるごちそう感のあるもの——。おそらくはきっと、そんなイメージがあるのです。

けれど、どちらも長い歴史のなか、さまざまな場面で使われてきて、今では人々の生活にしっかりと根付いているものばかり。

ハーブが茂った庭と、棚に並べられたたくさんのスパイスの瓶——。そのどちらも、ヨーロッパの人にとってはどこか家庭のぬくもりを感じさせる、そんな食の風景のひとつであるに違いありません。

グリル豚肉と彩り野菜のサラダ

セージの香りでマリネした豚肉と彩り鮮やかな野菜でいただく、ボリュームあるメイン級のサラダ。コクのあるさわやかなヨーグルトドレッシングがとてもよく合います。

●材料（3～4人分）

豚肉（ヒレ、ももなど脂の少ない部位）……250g
好みのサラダ用野菜……適量
オリーヴオイル……適量

【A】
オリーヴオイル……大さじ1
白ワイン……小さじ2
塩、セージ（ドライ）……各小さじ1/2
胡椒……少々

【ドレッシング】
無糖ヨーグルト……大さじ6
クルミ油
（なければオリーヴオイルやグレープシードオイルなどで代用可）……大さじ3
すりおろしにんにく……1/2片分
塩……ひとつまみ
レモン汁……少々

●作り方

1. 豚肉は1.5cm幅に食べやすく切り、【A】をもみ込んで冷蔵庫で30分～1時間おく。
2. その間にサラダ用野菜を皿に盛り付ける（にんじんなど硬いものは軽く塩もみしておくと味なじみが良くなる）。
3. グリルパンまたはフライパンにオリーヴオイルを熱して豚肉を並べ、両面に良い焼き色がつくまで焼く。
4. 焼けた肉を野菜の上にのせ、ドレッシングをかけていただく。

レシピURL　https://oceans-nadia.com/user/26/recipe/119260

第6章 不思議に満ちる夜　ヨーロッパのハロウィーン

一〇月にもなれば、街も徐々に秋めいてくる頃――。この時期、お店のディスプレイなどでよく見かけるようになるのがハロウィーン関連のグッズですね。オレンジや黒で彩られた、可愛らしくてちょっと怖い感じのカボチャやお化けがあちらこちらに顔を出し、なんとも楽しい気分になります。日本ではひと昔前まではほとんどなじみのないものだったこのハロウィーンというイベントも、今では子供のいる家庭を中心にすっかり広まってきたようです。もしかすると、欧米発の催しものとしては、すでにクリスマスに次ぐくらいの人気があると言ってもよいのかもしれません。

しかしそんな盛り上がりの一方で、時々ふと疑問に思うことがあります。実はハロウィーンというのは、日本人にとっては結構、謎が多いイベントではないですか――？　そもそも、いったい何を目的とした行事なのかをご存じでない方も多いかもしれません。なにしろハロウィーンは、コワ可愛くて面白いキャラクターがいっぱいですし、元気の出るオレンジ色やさまざまな装飾は、眺めているだけで思わず笑いがこぼれてきてしまうほど。本来の意味や目的を知らなくても十分楽しめるくらい魅力的なイベント、それがハロウィーンでもあるのですから。

ところで少し意外に思われるかもしれませんが、私たち日本人がハロウィーンに対して抱くこんな戸惑いは、ヨーロッパの人たちにもどこか通じるものなのです。秋になると話題になり、お店にはグッズがたくさん並べられている。ハロウィーンに食べる決まった食べ物や料理というのがなんとなくあり、皆でゲームをしたり、仮装をしたり、悪ふざけをしたり。子供たちは「トリック・オア・トリート（Trick or Treat）」の声と共に家々を回り、お菓子をねだる（こともある）。けれど結局のところ、何をするためのイベントなのかは皆はっきりとわからず、でもどこかのお宅のパーティーにお呼ばれでもしたら、やっぱりいそいそと出かけて行ってしまう――。

そう、ヨーロッパで誕生し、やがてアメリカという新天地で人気となったハロウィーンは、ヨーロッパの人々にとってもある意味、「古くて新しいイベント」だと言えるのです。私たち日本人にとっても、そしてヨーロッパの人々にとっても、なじみがあるようでないのがハロウィーン。よく知っているようでいて、実は謎がいっぱいのイベント。

今回は、そんなハロウィーンとヨーロッパの関わりについて見ていきながら、ヨーロッパの人々にとっての秋の意味と、ヨーロッパでのハロウィーンの様子、それにまつわる食べ物や料理のエピソードなどを楽しくご紹介してみようと思います。

まず、皆さんはハロウィーンがいつだかご存じですか？　そう、毎年、一〇月三一日なのです。けれどこの日取り、正直、日本人にとってはなんとも微妙な時期ではないかと思います。なにしろこの頃、日本はまさに行楽シーズンのまっただなか。さわやかに晴れ渡る空の下、秋の大型連休にレジャーを楽しんだり、運動会などの学校行事に参加したり。暑すぎも寒すぎもしない天気の良い日に出かけるのは、本当に気持ちが良くて楽しいものですよね。しかしその一方で、何か特定の日を祝うような大きな行事はもうクリスマスまでなく、いわばイベント上の空白期間のようなものがある季節でもあります。そんな時期にさっそうと現れたのが、このハロウィーンというイベント。しかし、もちろん何の根拠もなく一〇月末日と決まっているわけではなくて、この日取りは古いヨーロッパの暦（カレンダー）と深く関係しているのです。

ヨーロッパでも、秋はまさに収穫の季節――。たとえば身近な所ですぐに思い浮かぶのは、毎年一一月の第三木曜日に解禁されるワインの新物、ボージョレー・ヌーヴォーですね。また、山々にはこの時期にしか食べられないキノコがニョキニョキと生えてきますし、秋ならではのおいしい食べ物、ジビエ料理（狩猟でとった野生の鳥獣を使った料理）なども楽しむことができます。木々が黄金色に輝く秋の風景は作物の豊かな実りを思わせ、農家では冬に備えて家畜を屠《ほふ》り、保存食を蓄える季節でもあります。しかしそれが終われば、あとはもう、ひたすら寒い冬がやって来るのを待つばかり。空はどんよりと曇り、雨や霧の日も多くなり、太陽が沈む時間も日に日に早くなっていきます。日照時間の短さによって引き起こされる「冬鬱《うつ》」という言葉が持ち出され、店員さんたちが妙に無愛想になったり、留学生の気分が沈みがちになるのも、まさにこの頃から。

そう、気候が比較的温暖な日本とは違い、ヨーロッパの一〇月はすでに冬の入り口なのです。そして一一月も末になればいよいよクリスマスムードが高まってくるのですが、それまでは一年のうちでも最も「つまらない」季節を過ごすことになります。

そんなヨーロッパの晩秋は、夏から冬への移行の季節。それまで緑が萌えていた木々はいつしか葉を落とし、人も動物もみな沈黙する——。イースター（復活祭）をみてもわかることですが、かつてのヨーロッパでは、夏は「生命」を、冬は「死」を象徴するものでした（第二章参照）。イースターがもともとは春を迎えるお祭りであったように、この一〇月から一一月にかけての季節は、夏に別れを告げ、冬を迎えるための期間なのです。そのため、キリスト教が広がるずっと以前から、ヨーロッパではこの季節にひとつの大きな節目を意味するさまざまな行事が行われてきました。

ガイ・フォークス・ナイトに燃やされる人形

たとえば、イギリスの場合。一一月五日は、英国で最も愛される祝祭のひとつ、ガイ・フォークス・ナイトです。一六〇六年に国王ジェームズ一世暗殺を企てた一味の一人として処刑されたガイ・フォークスという人物にちなみ、その人物に見立てた人形を燃やし、花火を打ち上げるイベントですね。他の国ですと、一一月一一日は聖マルティヌスの日。フランスやドイツを中心に、ヨーロッパで広く祝われるこの祝祭には収穫祭の意味合いも込められており、その年にできたワインを最初に味わう日とされているほか、聖マルティヌスという聖人にちなんだガチョウの料理が好んで食べられます。古くから「冬の始まり」として意識されていた記念日のひとつで、ランタンを灯しての行列もよく見られる光景です。

しかし、中でもハロウィーンと最も関わりが深いのが、一一月一

聖マルティヌスの日のガチョウ料理

日の万聖節（諸聖人の日）です。英語では簡単に、All Saints または All Hallows などとも呼ばれますが、何を隠そう、あの「ハロウィーン（Halloween）」という名称は、この万聖節の前夜（All Hallows' eve）という意味からきていると言われています。この日は、キリスト教の聖人や殉教者を記念する日。翌一一月二日の万霊節（死者の日）と合わせて、ヨーロッパでは古くから、亡くなった家族や親族に想いを寄せ、菊の花をたずさえて皆でお墓参りに行くことが多かったのです。

これら一つ一つの行事、それぞれの内容自体はさまざまですが、一連のイベントに共通しているのは「夏＝生命」の季節に別れを告げ、「冬＝死」を想うということ――。ヨーロッパの人々にとっては、いわば日本のお盆のように、一年の中で死や死者というものが最も身近になるのがまさにこの十月から十一月にかけての時期ということなのです。

死者を迎え、慰めるための、数々のごちそうや弔《とむら》

万聖節の日に墓参りに行く家族を描いたエミール・フリアン作の絵画（1888年）。

いの火。収穫を祝うため、あるいは悪霊を追い払うためのたき火や、大声をあげてのどんちゃん騒ぎ――。静かに過ごすも、浮かれ騒いで過ごすも、イベントや国・地域、人によってさまざま。けれどこの時期の諸々の行事には、どれにもそんな似たようなモチーフがたくさん散りばめられています。

そしてハロウィーンもまた、そんな要素をすべて取り込みながら、こうしたさまざまな行事と時に入れ替わったり混ざり合ったりしつつ、ヨーロッパの中で静かに息づいてきました。だからこそハロウィーンには、面白さや楽しさでいっぱいのお祭りムードと共に、どこかシュールでゾッとするような、怖いようで可愛い不思議な雰囲気があるのです。

さて、ところで皆さんは、ハロウィーンの日というといったいどんなことをするイメージがあるでしょうか――？　お化けやミイラ、魔女などのコスチュームに身を包み、メイクをしてみたり。あるいは、「トリック・オア・トリート！」と言いながら、近所のお宅にお菓子をもらいに行ったり？　そうそう、オレンジ色をしたカボチャでジャック・オー・ランタン（Jack-o'-lantern）を作って飾るなんていうのも定番とされていますね。

そういったことは、たしかに今ではヨーロッパでも行うことがあります。しかし実は、これらは本来、基本的には皆アメリカで生まれた風習なのです。ヨーロッパで生まれたハロウィーンは、一九世紀に移民と共に海を渡り、新天地・アメリカへと伝えられました。そしてそこでまた、新たな形へと生まれ変わったのです。

では、もともとヨーロッパでは、いったいどんな風にハロウィーンを過ごしていたのでしょうか？　実はそこには、思いもかけない食べ物のエピソードがたくさん詰まっています。

たとえば、私たち日本人にとってもなじみ深い果物であるリンゴ。リンゴはヨーロッパでも秋冬を代表する果物です。そのおいしさや使いやすさだけでなく、収穫したあとにかなり保存がきくという意味でも冬場には大変重宝されるからです。ですからそんなリンゴは、ハロウィーンのパーティーにもさまざまな形で登場してきます。たとえばこんなゲームのワンシーンなら、みなさんも小説や映画でご覧になったことがあるかもしれません。たらいに張った水に浮かべたリンゴを口だけで取り出す、「アップル・ボビング」と呼ばれる定番のゲームです。もともとリンゴは一〇月頃に熟すので、ケルト文化の色濃く残るアイルランドの一部地域では、一一月一日は「リンゴ

アップル・ボビング

ダニエル・マクリース画、『スナップアップル・ナイト』（1833年）

の日」とも呼ばれていたほどでした。
そしてイギリスやアイルランドの一部では、かつてハロウィーンの夜のことを、「スナップアップル・ナイト」と呼んだりもしていました。スナップアップルというのは、このアップル・ボビングよりもずっと危険を伴うゲームだったようで、なんと吊り下げられた角材の棒の、片方の側にリンゴを、もう片方の側には火のついた蠟燭を付けて回し、熱い蠟をうまくかわしながらリンゴだけ口で奪い取る（！）というものだったそうです。こんな危ないゲームはさすがに現在では敬遠されそうですが、それでも日本のパン喰い競走のように、リンゴを紐でぶら下げてそれを口だけでとって速さを競う、といったゲームならあちこちで行われています。
ハロウィーンの日にするリンゴを使った遊びや言い伝えは、ほかにもいろいろあります。たとえば、ハロウィーンの日の真夜中に、鏡の前に立ってリンゴを食べると運勢が占えたり、愛する人の姿が映る、とか。リンゴの皮をむいて左肩越しに投げると将来の伴侶の名前が地面に読める、リンゴを半分に切ってその断面にいくつ種が見えるかで運勢を占う、などなど——。

ヨーロッパでもアメリカでも、そのやり方にはさまざまなヴァリエーションがあるようですが、こういったハロウィーンの時期のゲームには、何かしら占いの要素があるのが特徴です。何と言ってもハロウィーン・ナイトは、一年に一度、あの世とこの世がつながる神秘の夜――。だからこそ、古くからこの日は、人間には計り知れない何か不思議な力が働くと考えられていたのです。

ほかにも、ハロウィーンの占い遊びによく使われた食べ物はいろいろあります。

まずは、木の実。秋にたくさん収穫できるナッツ類も、ヨーロッパの先住民、ケルト人と関わりの深い食べ物でした。クルミやヘーゼルナッツなどを暖炉の中に投げ込み、それで恋人との関係を占うバーニング・ナッツは、海外ドラマなどでも時折見かける、日本でもそこそこ有名な遊びではないでしょうか。恋愛関係以外にも、ナッツを投げ込んだ本人が次のハロウィーンまで生きていられるかなどということまで占われることもあったようです。あとは、クルミ、ヘーゼルナッツに、ナツメグとバター、砂糖を加えて小さく丸め、ハロウィーンの夜、寝る前に食べると運勢を告げる夢が見られる、というのもあります。こうしたナッツ類は、現在でもハロウィーンの日のゲームによく使われていて、ナッツ類を隠して宝探しのように皆で探したり、見つけると賞品をもらえるという遊びもあるようです。

何よりこうした木の実は、まさに収穫の象徴でもありました。たとえばモンキーナッツなどと呼ばれる殻付きの落花生もそうですし、スペインのカタルーニャ地方をはじめとする地域で万聖節に食べられるお菓子、パナイェッツ（panellets）に使われる定番の松の実もそんなひとつです。

そのほかには、キャベツやケールを使った占いというのもあります。日本人の感覚からすると、「ここでなぜいきなりキャベツ？」と思われるかもしれませんが、ヨーロッパではキャベツは冬の必須野菜なのです。何しろビタミンCが豊富ですし、もとは海岸沿いの、風がビュービュー吹くような所でも育つ強い作物として重宝されていたものですから、他の野菜類がパタッとなくなる冬場でもキャベツだけは市場に並ぶというくらいの強い野菜です（ちなみにヨーロッパのキャベツは日本のものよりずっと葉が硬く、結球もしっかりしていて重いのでかなり日保ちがします）。栄養価がさらに高く、日本でも今や青汁の原料として知られるようになったケールのほうは、そのキャベツのいわばご先祖のような野菜です。

たとえば一八、一九世紀頃のスコットランドでは、ハロウィーンになるとまず皆でケールの畑へ出かけて行き、その茎を引っこ抜いて占いをしたのだそう。アイルランドだと、これがキャベツになり、畑への入り方も後ろ向きに入らなくてはいけないとか、目隠しをして入らないと駄目だなどと少し変わってきます。いずれにしても、この場合は茎がポイントのようで、茎が大きくてまっすぐかどうか、あるいは茎をかじってみて味が甘いか酸っぱいかなどで、将来の伴侶の性格を占ったのだとか。

ところでアイルランドといえば、ハロウィーンとは切ってもきれない土地です。なぜかというと、古代ローマ帝国の支配地域から遠く離れていたこの地には、古くからのケルト文化が長く残り、数々の妖精伝説や不思議な逸話が語り継がれてきたからです。そんなアイルランド、特に北の方では、それこそ二〇世紀の初頭になるまで「ハロウィーンの夜に子供を一人で出歩かせると妖精にさらわれてしまう」と信じられていたのだとか。

そしてそんな時に役立ったのが、なんと押し麦です。押し麦は大麦の外皮をむいて一度蒸し上げてから押しつぶしたもののことですが、アイルランドでもポリッジ（お粥）はメジャーな食べ物ですね。特別な日には、ここに木の実を入れたり、野菜や肉を入れたりして少し豪華にするわけですが、そんな押し麦はいつでも身近にあったものなのです。そしてそれをどうするかといいますと、塩と混ぜ合わせて子供の髪にすり込むのだそう。

そしてそういった悪さをしに来る妖精への対策としては、卵の殻も有効。妖精たちは赤ん坊を盗み出し、自分たちの子とすり替えてしまうことがあるそうで、そうすると見た目ではもう本物かどうかわからない。そこで卵の殻の出番です。赤ん坊の目の前でそれを茹でてやると、偽者の場合は大人の叫び声を上げて正体を現すのだとか――。

このように、ハロウィーンと食べ物にまつわるエピソードは実にさまざまで面白いものです。

しかし皆さん、ここでひとつ気付いたことはありませんか——？　そう、古くからハロウィーンのパーティーで活躍してきたこれらのものは皆、ヨーロッパの人にとって、とても身近で手に入りやすく、普段から慣れ親しんでいる食べ物ばかりなのです。それにもしかしたら、「いくら待っても、肝心のカボチャが出てこない」と不思議に思われた方もいるかもしれません。実は、カボチャがハロウィーンの主役になったのはアメリカに渡ってからのお話。カボチャは一応古くからヨーロッパにもありましたが、ハロウィーンの故郷・アイルランドでは食べる習慣がなく、特にあのような色の綺麗なカボチャはまさに新大陸ならではの産物だったのです。むしろ、アイルランドやスコットランドに残っているのは、カブを使ったランタンのお話——。有名なジャック・オー・ランタンも最初はカブで、それはつまりカブこそがこの地域の人々にとってよりなじみのある食べ物だったからなのです。

一方、アメリカでは、カボチャはとてもポピュラーな野菜でした。と言っても、アメリカで本格的にハロウィーンの祝い方を説明した本が出版された最初の頃は、特に絶対にオレンジ色の

カブで作られたジャック・オー・ランタン（こうしたランタンに使われたのはいわゆるスウェーデンカブをはじめとする大型のカブで、日本のものとは味も見た目も大きさも違うもの）。

カボチャでなくては駄目というわけではなかったようです。たとえばはじめのうちは、リンゴやきゅうりなど、さしあたり手に入りやすい野菜がターゲットにされていて、その中身をくり抜き、目や鼻や口を作って中に蠟燭を灯すようにと指南されています。

けれど、色が目立つ明るいオレンジ色で、皮の細工がしやすく、晩秋に熟すなど、好条件の揃った新大陸産のカボチャの魅力は人々の心をあっという間につかんでしまいました。そこで、移民がアメリカに渡った一九世紀のうちにはすでに、ハロウィーンの顔として知られるようになったのです。そもそもアメリカには、ハロウィーンが入ってくる何十年も前から大きなオレンジ色のカボチャに「薄気味悪い笑い顔」を彫るという文化があったようなので、そういった意味でもよりなじみやすかったのかもしれません。そしてそんなオレンジ色のカボチャは現在、ヨーロッパでも同様にハロウィーンの象徴として受け止められるようになりました。

もっとも、ヨーロッパではもともとカブでジャック・オー・ランタンが作られていたわけですから、最初からこのオレンジのカボチャが知られていたわけではありませんでした。オレンジのカボチャを使ったアメリカ的なハロウィーン文化がいったいいつ頃からヨーロッパの人々に知られるようになったかについては、国ごとに多少状況が違っていますが、それでも最近の研究によると、それはすべてわずかここ二一〜三〇年ほどの出来事だと言われています。

たとえば、一九八二年公開の、スティーブン・スピルバーグ監督のSF映画『E.T.』や、一九九三年公開のティム・バートン監督作『ナイトメアー・ビフォア・クリスマス』――。さらにはこうした有名どころのアメリカ映画だけでなく、一九九七年にイギリスで第一作目が刊行されたあの『ハリー・ポッター』シリーズの中でも、アメリカ的なハロウィーンの場面や要素が次々と取り上げられ、そのイメージがヨーロッパに紹介されていったのです。

そしてこのようなオレンジのカボチャの人気は、主にメディアを通じてさまざまな形で広められていきます。とりわけ、一九九七年の秋にフランス・テレコム社が発表したオーラ（Ola）という名前の携帯電話・新機種のテレビCMは、ハロウィーンというイベントをヨーロッパに印象づける上で決定的な役割を果たしました。同社は、ハロウィーン当日に発売したその新機種を、その名も「オーラウィーン（Olaween）」と銘打って大々的に宣伝したのです。オレンジのカボチャとハロウィーンの雰囲気満載のこのCMをきっかけとして、フランスではアメリカ的な新しい形のハロウィーン文化が広く知られることになりました。そしてこの時期、これと同じようなことが、ヨーロッパの他の国々でも起こり始めていたのです。たとえば北欧スウェーデンでは、ちょうど同じ年、あのマクドナルドが魔物やトロールをあしらった「ハッピー・ミール（Happy Meal）」（日本で言う子供向けのおもちゃなどが付いた「ハッピーセット」）を売り出しています。

実は、それまでヨーロッパで知られていたハロウィーンというのは、せいぜいアメリカンスクールをはじめとするアメリカ文化に慣れ親しんだ人々を中心に行われるものにすぎませんでした。そういったイベントがあることは知っているけれど、特に自分が参加することはない、そういった感じです。けれどこの頃になると、映画や小説の影響、メディアの報道なども相まって、アメリカ的なハロウィーン・イベントが盛んに宣伝されるようになります。街にはハロウィーン関係のグッズやおもちゃがあふれ、仮装用のコスチュームやお菓子、そしてパーティーのためのカボチャ料理を扱ったレシピ本などが次々と店頭に並ぶようになったのです。

そしてもちろん、オレンジ色をしたあのカボチャも――。アメリカ的なハロウィーンの広まりと並行するように、ヨーロッパでのハロウィーン用カボチャの需要は年々高まっていきました。たとえばフランスでの生産量だけを見ても、一九九〇年の一万四六〇〇トンから、一九九七年の二万三九〇〇トンへと、この時期に急激な増加をたどったと報じられています。カボチャは本来、農家では伝統的に菜園の日陰の場所に適した野菜とされてきました。夏に収穫されて豚の飼料になるだけでなく、たい肥をなじませ、大きな葉が保水に役立ちますし、枯れればそれ自体が有機肥料となるので重宝されたのです。ですから秋になると、各家が形良く育ったカボチャを菜園の壁の上に並べてデコレーションしたり、時にはジャック・オー・ランタンよろしく顔のようにくり抜いて、中に蠟燭を灯したりすることもありました。けれど、そもそもヨーロッパのカボチャというのは日本のもののようにホクホクしておらず、かなり水っぽいので食材としてはあまり人気のある野菜ではありませんでした。ただパスタを好むイタリアでは比較的人気があり、そのほかの国でもスープなどにして食べることはよくありましたが、それでもカボチャは「家畜の餌」、「貧しい農民の食べ物」というイメージの方が強くて、それほど心浮き立つ野菜とは言えなかったのです。ところが、古くは新大陸から新しい品種が持ち込まれたこと、そして近年のアメリカ的なハロウィーン文化の流入を受けて、そんなヨーロッパでも、今や「ハロウィーン用のカボチャ」という特別枠で盛んに栽培がされるようになったのでした。

デコレーション用のカボチャの人気は、食用カボチャの生産増加にもつながっていきます。ハロウィーン・カラーのオレンジ色は、明るく見た目が良いことから料理やテーブルコーディネートの分野にもすぐに進出してきました。しかもカボチャは、前菜からスープ、メイン料理、デザートに至るまで幅広く活用できる便利な野菜――。ですからこの時期には、ハロウィーン・メニューをテーマにしたキッチンウェアやレシピ本だけでも相当の売り上げが見込まれました。そもそも企業側からすれば、秋からクリスマスまでのこの時期は商業的な端境期《はざかいき》でしたから、こうした人々の心をつかむ新しいイベントが流行するのはむしろ大いに歓迎すべきことでした。

さて、アメリカ的な新しいハロウィーンは、こんな風にして徐々にヨーロッパの人々の間に知られるようになっていきました。「最初はよくわからなかったけれど、テレビや雑誌で取り上げられているし、街でも面白いグッズをたくさん見かけるようになった」。そんなところは、どこか私たち日本の場合とも事情が似ているような気がしませんか？

とはいえ、いくらマスコミが盛り立てたとしても、ただそれだけでハロウィーンが流行るわけでもありません。そこにはやはり、何か自分も参加してみたくなるようなハロウィーンならではの魅力があったのです。

それについては、「やはりハロウィーンの最大の魅力は、とにかく『楽しい』ということだ！」と言い切る人たちがいます。なにしろハロウィーンは、日常を忘れ、普段とは違う自分になれる最高の機会。さまざまなコスチュームに身を包んでいれば、今日初めて会った人とだって思わず話が弾んでしまうし、おいしいお菓子や料理を食べながら、友達とだって今まで以上に仲良くなれる――。実際、ヨーロッパで祝われていた時から、ハロウィーンを一番待ちわびていたのは地方の農村から出てきた労働者たちだったと言われています。彼らはまだ都会での生活に慣れておらず、人付き合いもあまりできていない。しかし、冬が長く、寒さが厳しい昔の北ヨーロッパなどでは、冬に入る前に人間関係が築けていないと何かと大変です。ヨーロッパからの移民が新天地アメリカへと渡った時も、このハロウィーンという文化が人間同士の距離を縮めてくれるものであることを人々はよく知っていました。だからこそ見知らぬ土地で、ハロウィーン文化はあれだけ栄えたのですね。今でもアメリカでは、ハロウィーンが地域の連帯を強める上で重要な機能を果たしていることがしばしば指摘されます。それは何より、ハロウィーンの「楽しさ」が結んでくれる人との縁、きずななのかもしれません。

「死」の匂いと「楽しさ」が混ざり合う、不思議なイベント、ハロウィーン——。

ヨーロッパに源流を持ち、アメリカで新たな形へと生まれ変わったこの行事は、あまりにも複雑な歴史を持つがゆえにさまざまな要素がからみ合って現在に至ります。そして今もなお、その土地その土地に合ったやり方で進化し続けています。

けれどその不思議さゆえに、私たちに「ハロウィーンって何だろう?」という想いを抱かせてくれるのもまたハロウィーンの魅力のひとつ。なぜってそれを考えることで、こんな風に他国の文化や、自分たちのあり方を見つめ直す最高のきっかけにもなるのですから——。

ヨーロッパには、アイルランドやスコットランドに残る古くからのハロウィーン文化に親しむ一方、アメリカ的なハロウィーンをも同時に楽しむ人たちがいます。しかし、フランスやイタリア、スペインなどのカトリック教徒が多い地域をはじめとして、いまだに多くの人々が新しい形でのハロウィーンの盛り上がりに大きな戸惑いを覚えているのもまた事実なのです。この時期はやはり、死者に敬意を払い、静かに死を想うべき時。賑やかで騒々しいハロウィーンよりも、キリスト教的な万聖節や万霊節こそしっかり過ごすべきだ、そう考える人々も決して少なくはありません。

ヨーロッパは今、そんなさまざまな人々の考え方がまさに入り混じった状態にあります。私たちの住む日本と同様、ここ数年で急激に勢いを増してきたハロウィーンという文化をどう受け止めるべきか――。特に、ヨーロッパの場合は宗教の問題もあるのでより複雑です。そういった意味では、国によっても地域によっても、そして人によっても、これほど温度差があるイベントもなかなかないと言ってよいと思います。

ヨーロッパ起源の風習と、アメリカ的な催しものの数々。時代・地域を超えて、さまざまなあり方が見られる不思議なお祭り。けれど、なんとも「楽しげで不思議な」ハロウィーン。さて、皆さんは今年、いったいどんなハロウィーンをお過ごしになるのでしょうか？ せっかくですから、私たち日本人は私たちらしく、皆が楽しくて気持ち良く過ごせる素敵なハロウィーンにしたいものですね。

ティーブラック（バームブラック）

アイルランドのハロウィーンに欠かせないスパイスケーキ。この国では珍しくイーストを使うケーキですが、家庭では手軽に作れるこちらのティーブラックの方がより親しまれています。かみしめるほどにおいしい素朴な生地と、ドライフルーツの甘み、スパイスと紅茶のほのかな香りで飽きのこないおいしさ。中に指輪やコインなどさまざまな物を入れて焼き上げ、パーティーの最後にそれで占いをするのが定番です。

●材料（約 6 人分）

薄力粉、強力粉……………………各 80g
ベーキングパウダー……………小さじ 1
濃いめにいれた紅茶……………1 カップ
レーズン ……………………………100g
（※半量をサルタナレーズンにすると色味がよい）
砂糖…………………………………80g
卵……………………………………1 個
蜂蜜…………………………………適宜
【A】
シナモン（パウダー）…………小さじ 1/2
ナツメグ、オールスパイス（共にパウダー）、塩…………各小さじ 1/4

●作り方

1. ボウルにレーズンと砂糖を入れ、紅茶を注いで混ぜる。そのまま粗熱が取れるまで 20 分ほど置く。オーブンは 180 度に予熱する。パウンドケーキ型にクッキングシートをセットする。
2. 1によく溶きほぐした卵を入れて混ぜ、ふるった粉類（薄力粉・強力粉・ベーキングパウダー）と【A】を加えてムラがなくなるまでさっくりと混ぜる。
3. 180 度のオーブンで約 40 分焼く。15 分ほどたって生地の表面が乾いたところで、真ん中あたりにナイフで縦に切れ目を入れておく。
4. 焼き上がったら型からはずし、熱いうちに蜂蜜を塗る。粗熱が取れるまで冷まして薄く切る。お好みでバターを塗っていただく。

◆占い用に中に物を入れて焼く時は、クッキングシートなどにくるんで下さい。

レシピ URL　https://oceans-nadia.com/user/26/recipe/132766

コルカノン（キャベツ入りマッシュポテト）

ハロウィーンの"ふるさと"アイルランドの祝祭料理。なめらかでクリーミーなマッシュポテトに少しかためのゆでキャベツ（またはケール）が入った一品です。キャベツが入るだけでどうしてこんなにおいしいのか!? と思うような、意外なおいしさですよ。

●材料（2～3人分）

じゃがいも……3個（約400g）
キャベツ……3枚（※できるだけ外葉に近い硬い部分がよい）
万能ねぎ（本来はスプリングオニオン、チャイブなどを使用）……適量
【A】
バター……2片（20g）
塩、ブラックペッパー……各少々
牛乳……40～50cc（※人肌程度に温めたもの）

●作り方

1. じゃがいもはたわしでよく洗い、皮つきのまま、かぶる程度の水、塩少々（分量外）と共に鍋に入れて火にかける。やわらかくつぶせるくらいまで、そのまま20分ほど茹でる。
2. キャベツの葉は少し大きめのざく切りにし、芯（太い葉脈）の部分は薄切りにする。それを耐熱皿に入れてふんわりラップをかけ、電子レンジ（600W）で2分30秒ほど加熱する。
3. じゃがいもが茹であがったら湯を捨て、やけどに注意しながら皮をむいて芽を取り、ふたたび鍋に戻す。熱いうちに【A】を加えてなめらかになるまでつぶし、水けをよく切ったキャベツを混ぜ入れる。
4. 小口切りにした万能ねぎを散らしていただく。

レシピURL　https://oceans-nadia.com/user/26/recipe/132805

第7章

「黄金のリンゴ」と「大地のリンゴ」トマトとじゃがいものヨーロッパ

二〇一六年八月の終わり頃、イタリア中部をマグニチュード六・二の大地震が襲いました。特に被害が際立っていたのは、観光地としても人気のラツィオ州アマトリーチェという場所。ニュースでも連日報道がなされていましたが、日本人の私たちにはあまりなじみがなかったそんな名の土地も、あの有名なイタリアのパスタ料理、アマトリチャーナのふるさとと言われたらピンときた方も多いかもしれません。

アマトリチャーナといえば、トマトをベースにしたシンプルなパスタのこと――。本場イタリアでは、麺はスパゲッティではなく、ブカティーニというずっと太めで中が空洞のものを使ったりもします。味の決め手となるのは、グアンチャーレと呼ばれる豚の頬肉の塩漬け。ベーコンやパンチェッタよりも旨み・塩気が強く、脂身がかなり多いため、ソースが奥深い味わいに仕上がるのが特徴です。そのグアンチャーレ自身の脂で揚げ焼きするように肉の旨みを引き出していきながら、トマトや茹で上げたパスタをからめ、仕上げに羊の乳から作られたペコリーノ・ロマーノというチーズをたっぷり振っていただくのが定番の食べ方でしょうか。

アマトリチャーナに加える具材というのは、あとはせいぜい、入れてもにんにく、玉ねぎ、唐辛子くらいのもの。本場では、これさえ入れる必要はないという意見すらあります。つまりは加える具材が少ないシンプルな料理なので、それだけにごまかしのきかない、ストレートな味わいが楽しめるというわけです。

アマトリチャーナ

この素材の味わいが直に感じられるおいしいパスタ、アマトリチャーナ――。しかし実はそんな料理も、昔はトマトなしで作られていたといったら皆さんは驚かれるでしょうか。それどころか、今ではパスタソースやイタリア料理の代名詞のように思われているあのトマトですが、「新大陸」と呼ばれたアメリカ大陸が「発見」される以前には、それこそヨーロッパ中のどこを探してもそんな野菜は見当たらなかったのです。

ですからヨーロッパの人は、この植物を初めて目にした時、自分たちがよく知っている果物の名を取って呼ぶことにしました。それが、昔から神話や伝説、そして聖書にも登場する、あの「リンゴ」です。古くからヨーロッパでは、外から自分たちの見知らぬ植物が入ってくると、さしあたり知っている食べ物の名をあてて呼ぶということをよくしていました。たとえばザクロならば「カルタゴのリンゴ」、ナスなら「黄金のリンゴ」といった具合です。ですからこのトマトも、形の似ていたナスと同様、「黄金のリンゴ」あるいは「愛のリンゴ」などと呼ばれました。イタリアでは、今でもトマトのことを「ポモドーロ（pomodoro 黄金のリンゴ）」と言います。

実は、そんな「リンゴ」の名を冠された野菜というのはまだほかにもあります。たとえば同じく大航海時代に新大陸からもたらされた、あのじゃがいもがそうです。じゃがいもにソーセージ、ビールの組み合わせといえばドイツ料理がすぐに思い起こされますが、それ以外にも、たとえばイギリスではフィッシュ・アンド・チップス（白身魚のフリッター　フライドポテト添え）、ベルギーならばフリッツやフリテン、そしてフランスならポム・フリット（すべてフライドポテト）と、今やじゃがいもは、ヨーロッパ各国のどこでも愛され食されている野菜です（そうそう、第六章でご紹介した通り、じゃがいも大国アイルランドにはコルカノンという料理もありますね）。

そんなじゃがいもの別名は、なんと「大地のリンゴ」――。フランス語でじゃがいもを意味する「ポム・ド・テール（pomme de terre）」がそうですし、ドイツでも、じゃがいもは別名「エルトアプフェル（Erdapfel）」などと言われます。トマトと違い、じゃがいもとリンゴはそう似ている感じもしませんので、なんだか見た目からするとこれは少し意外な気もしますね。しかし実はこの表現は、もともと土の表面すれすれに育つカボチャや瓜類など全般に対して使われていた言い方なので、地下に育つじゃがいもにもさしあたりその呼び名があてられたというわけでした。

17世紀に描かれたじゃがいも

一方、デコボコした外見、そして地下に育つという その特性から、じゃがいもはあのトリュフを思わせる作物だと考えた人たちもいました。たとえばドイツなどではふつう、じゃがいものことを、イタリア語でトリュフを意味する「タルトゥーフォ（tartufo）」からきた「カルトッフェル（Kartoffel）」という名称で呼んでいます。実際、トマトに比べて見た目が地味だったじゃがいもの場合、新大陸で最初にこの作物を目にした人たちの印象は、どうやらキノコに近かったようです。

> トウモロコシ以外の土地の食料としては、インディオの間で主食となっているものがふたつある。そのひとつはパパ（ジャガイモ）というもので、松露《しょうろ》（キノコの一種）に似ている。ゆでると、肉がとても柔らかくなって、ゆで栗のようになる。殻や核がないのは松露と同じで、これは、松露同様、地面の下に育つからである。この実はヒナゲシと同じような葉を出す。もうひとつの大へんよい食料は、キヌアと呼ばれる。
>
> （シエサ・デ・レオン『インカ帝国地誌』第四〇章）

ちなみにここに出てくる「パパ（papa）」というのが、英語の「ポテト（potato）」のもとになった原産地でのじゃがいもの呼び名です。トマトも同じですが、もともとじゃがいもは南米アンデス山脈の西側の斜面で食されていたものでした。そこでは、トマトは「トマトゥル（tomatl）」と呼ばれていたので、それらがエルナン・コルテス（一四八五〜一五四七）をはじめとするスペイン人たちによってヨーロッパにもたらされると、国によってはほぼそのまま「トマト」、あるいはじゃがいもは「パパ」、「パタタ」などと呼ぶようになりました（トマトは、先のイタリア以外の国では概《おおむ》ね「トマト（tomato）」に似た発音をします。じゃがいもは、スペイン語やイタリア語では「パタタ（patata）」（南米スペイン語では「パパ（papa）」）と呼ばれますね。なお日本の場合は、一六世紀末頃にオランダ領のジャカルタから持ち込まれたため、最初は「ジャガタライモ」と呼ばれ、やがてそれが訛って「じゃがいも」になったと言われています）。

　さて、そんなトマトとじゃがいもは、今や世界中で育てられ、食べられている大変メジャーな野菜です。しかし毎日の食卓によく登場する、私たち日本人にとってもなじみ深いこれらの野菜も、ヨーロッパに登場した当初はなかなか日の目を見ることはできませんでした。

　トマトもじゃがいもも、共にナス科の野菜です。このナス科というのがくせ者で、たとえばヨーロッパでそれまで知られていた、ベラドンナやマンドラゴラ、ヒヨスといった毒性のある植物は皆このナス科でした。

　重ねて、トマトはなんだか表面がやけにツヤツヤとしていて鮮やかな色が目立ち、他方じゃがいもは、デコボコした無骨な外見に、とてもおいしそうとは思えない地味な出で立ち――。しかもじゃがいもの場合は地下に育つ塊茎の部分を食べるわけですから、なんだか怪しげなことこのう

『健康全書』より「マンドラゴラ」の挿絵。マンドラゴラは引き抜くと断末魔のような叫び声を上げ、それを聞いた者は死に至るため、犬に抜かせるという収穫方法をとることで知られていた。

17世紀に描かれたトマト

えありません。さらにあのじゃがいもの、野菜としては珍しい皮の質感や奇妙な色合いは何かの病気すら連想させ、これを食べたら病にかかったり、あるいは強い催淫《さいいん》作用によって性欲が増したりするのではないかとも考えられました。何より、どちらも神様が人間に食べる物を示したとされるあの聖書にはまったく載っていない植物なのです。つまりは「神も存在しないような野蛮な新大陸」からやってきた作物なわけですから、主にキリスト教を信仰するヨーロッパの人々は当初、到底食べ物として扱う気にはなれなかったのでした。

かのクリストファー・コロンブス（一四五一頃〜一五〇六）が新大陸を「発見」したのが、一四九二年。しかしヨーロッパでは、実にそれから二世紀以上ものあいだ、トマトとじゃがいもが人々の食卓に満足にのぼることはありませんでした。人々はこれらの野菜になかなか手を付けようとはせず、せいぜいが、植物学者や一部の変わり者に興味を持たれて植物園に植えられる程度だったのです。つまりはそのほとんどが観賞用で、新大陸からやってきたこれらの珍奇な植物を食べようなどという人はなかなか現われませんでした。それでも、たとえば色合いの鮮やかなトマトは、裕福な人々の庭を彩る棚飾りなどに使われることもありました。一方、見た目が地味なじゃがいもの方はというと、時代が下ってもせいぜい家畜の飼料として使われるのがいいところでした。

しかしそんななかで、トマトとじゃがいもの運命を変える思いもかけない事態が生じます。一七〜一八世紀にかけてヨーロッパをたびたび襲った、異常気象と飢饉《ききん》、そして戦争です。実際、トマトの場合もじゃがいもの場合も、人々がそれを口にしようと思ったきっかけは、これらの非常事態に伴う猛烈な飢えでした。何しろ天候に恵まれなければ、ただでさえ乏しい農民の食事はもっと厳しいものになります。さらに戦争は人々の蓄えを奪い、時には敵国からの略奪行為によって、貯蔵されていた貴重な食糧まで根こそぎ持って行かれてしまうのです。そして、そんな状況で意外なたくましさを見せたのが、貧弱な土地でもよく育つ、あのじゃがいもでした。

そもそもじゃがいもは、アンデス山脈の寒冷高地で栽培されていたものなので、どんなに貧しい土地でも難なく育つという特性があります。しかも芋ひとつを土に埋めれば、すぐに芽を出してくれるのです。それに土の下で大きくなりますから、成長するあいだも鳥などに狙われにくく、また育ってからは盗人からも見つかりにくいという利点があります。戦争中ならば地中に埋めて敵の略奪を逃れることができ、一定の期間ならばそのまま貯蔵することもできたのです。

さらにじゃがいもは、その外見とは裏腹に、栄養面からいってもこれ以上ないくらいに優秀な食べ物でした。豊富なビタミンCは壊血病や冬の寒さから人々の身を守り、芋類なのでお腹にたまりやすく、でんぷん質はもちろん、リン、カリウムなどのミネラルまでしっかり含まれています。そしてじゃがいもは、貧しく忙しい農民にとって、調理も簡単、食べるのも簡単といううれしい側面もありました。火の中に放り込んで丸ごと焼いたり、鍋で茹でたり――。何か特別な道具がなくてもあとはそれを食卓に持っていき、各自が指で皮をむいて口に入れたら、とりあえずお腹を満たすことができたのです。

とはいえ、やはり見た目があまりおいしそうでない「奇っ怪な作物」じゃがいもには、長らく偏見がまとわりつきます。「食べたら病気になってしまうのではないか」「聖書にない食べ物なんて悪魔のものに違いない」「皮をむいてもなんだか全然おいしそうに見えない。あんなもの、食べても絶対おいしくないにきまっている」――。しかし、それを何とか打破しようと動いた人々もまたいたのです。これにはヨーロッパ各国の君主たちが大きな役割を果たすことになりました。

じゃがいもは栄養面で優れているだけでなく、生産性がきわめて高いという点でも見逃せない作物でした。たとえば『国富論』で有名なイギリスの経済学者アダム・スミス（一七二三～一七九〇）は、「同じ面積の畑なら、じゃがいもは小麦の三倍もの収穫量がある」として次のように評しています。

ジャガ芋の単位面積当たりの収量は、米と変わらず、小麦よりはるかに多い。（中略）もっともジャガ芋は水分が多いので、同じ重量でも固形の栄養分は小麦より少ない。しかし、かなり多めに半分が水分だと想定しても、一エーカーの畑で六千ポンドの固形栄養分を生産でき、小麦の三倍の量になる。そして、畑の面積が同じであれば、小麦よりジャガ芋の方が耕作の費用が安い。小麦の種まきの前には普通、休耕が必要になり、これだけで、ジャガ芋の栽培に特別に必要な除草などの農作業より費用がかかる。米生産国の米と同様に、ジャガ芋がヨーロッパの一部で主な食料として好まれるようになり、小麦などの食用の麦類に現在使われているほどの比率の耕地で栽培されるようになれば、同じ耕地面積で養える人口が増える。

（アダム・スミス『国富論』第一編第一一章第一節）

麦も米も育たないような土地でも芽を出し、たくましく育つじゃがいも――。しかも生産量がきわめて多く、栄養価も高いというのですから見逃す手はありません。そこでこれらの点に目を付けた一七～一八世紀の啓蒙専制君主たちは、毎日の食事にも事欠く貧しい農民に向けて、時には種芋を無償で配布したり、栽培法を指導したりと、こぞってじゃがいもの生産を推奨していきます。ロシアのピョートル大帝（在位一六八二～一七二五）やプロイセンのフリードリヒ大王（在位一七四〇～一七八六）をはじめとして、たとえばフランスでは農学者のアントワーヌ＝オーギュスタン・パルマンティエ（一七三七～一八一三）という人物がルイ一六世（在位一七七四～一七九二）に盛んにじゃがいもの重要性を説き、協力を取り付けようとしました。従来の小麦のほか、新大陸からの新しい作物であるとうもろこしやじゃがいもを研究していたパルマンティエは、一七七二年、フランス最高の学術機関、アカデミー・フランセーズが募集した「パンの代替品ともなり得る、食糧不足の時に利用可能な植物」についての論文に応募し、見事採用となったのです。彼はもともと、イギリス、プロイセン、フランス、オーストリア、ロシア、スペイン、スウェーデンなど、ヨーロッパ各国が参加した七年戦争（一七五四～一七六三）に従軍し、プロイセンで捕虜となっていた時にじゃがいもを口にしてその有用性に気付きました。そこで彼は、じゃがいもを人々に知らしめるべく、衣服のボタン穴に留められるように細工したじゃがいもの花をルイ一六世に贈ったと言われています。それをきっかけに、王妃のマリー・アントワネットら宮廷の人々のあいだでも、じゃがいも

パルマンティエの肖像画。手には自身が研究していた小麦、とうもろこし、じゃがいもの花を持っている。

彼の生誕地モンディディエの駅前に立つパルマンティエ像。農民にじゃがいもを渡している。

は珍しくて新しい話題の品となっていきました。

それでもじゃがいもは、フランスではなかなか普及しませんでした。パルマンティエは小麦の代わりにじゃがいもをパンに練り込む方法なども提案し、それを記した書物はイタリアなど近隣の国々へも翻訳され伝えられましたが、あまりおいしくなかったらしいのです。加えて、やはりじゃがいもに対する偏見もまだまだ根強く、余程のことがない限り、人々はそれを口にしたいとは思わなかったのでした。ですから、むしろこうしたじゃがいもをいち早く食生活のなかに取り入れていったのは、やはり小麦などの穀物が育ちにくい、土地の痩せたヨーロッパの北西部や中部といった地域の農民たちでした。

一口にヨーロッパといっても、人々がじゃがいもを食べ始めた時期というのはさまざまに異なっています。たとえば食糧としてのじゃがいもは、土地の痩せているアイルランドやオランダなどには一七世紀初め頃になじみ始め、その後は戦争や慢性的な穀物の不足に後押しされる形でより広く普及していきます。そして一八世紀の戦争や飢饉を通じて各国に定着していき、やがて一九世紀にはついに、東ヨーロッパやバルカン半島の国々にまで受け容れられるようになりました。この間、啓蒙主義の時代の流れに乗って新たな農業技術が模索され、農地の利用の仕方が再考されたことで、じゃがいもは穀物の収穫の合間に休耕地で生産できる作物として重宝されるようになっていったのです。

一方、トマトの方も、たしかにじゃがいもほどの強靭さや栄養はありませんでしたが、あの鮮やかな色合いと鮮烈な酸味、芳醇な香りには大いなる魅力がありました。味にクセのないじゃがいもがいつしかどんな料理にも合う万能野菜として好まれるようになっていったように、トマトはそれとはまた別の形で、イタリアあるいはギリシャなどの地中海諸国を中心として、そしてやがては世界中で、人々に大変愛される野菜となっていったのです。

しかしトマトの場合も、それが受け容れられた最初のきっかけは、じゃがいもと同様、飢えによるものでした。もともとトマトは原産地の人々によってたびたび品種改良がなされてきた作物でしたが、それでもヨーロッパに入ってきた初めの頃は、やはり皮も硬く、酸味もきつくてあまり好まれませんでした。しかし貧しい農民にとっては、それでも時として口にできるものならしてみたい存在となっていったのです。

今ではイタリア料理の代名詞とも言えるトマトですが、最初に入ってきたのは一六世紀の半ば、南部のナポリでした。ナポリ王国は当時スペインによって支配されていたので、新大陸からもたらされた作物は、イタリアではまずここに早々と入荷されたのです。そこで、当時たび重なるひどい飢饉に見舞われ苦しんでいたナポリの農民たちは、何とか少しでも飢えをしのぐ足しにならないかと、この奇妙な新しい作物をよりおいしくする方法を考えました。そして試行錯誤を重ねてその特性を探り、年間を通じて比較的温暖で日照時間の長いナポリの気候をぞんぶんに活かしながら、品種改良を重ね、ついに大きな赤いトマトを生み出すことに成功しました。

ジャン・フランソワ・ミレー画『ジャガイモを植える人』（1861年）

もともとナポリの人は中世の昔から野菜をよく食べる気質で知られていましたが、この頃になると、たび重なる飢饉や疫病の流行もあって、パスタを食べるようになっていました。そしてこ

ヴィンセント・ファン・ゴッホ画『ジャガイモを食う人』（1885年）

のパスタとの出会いこそ、トマトがヨーロッパで大いなる地位を築く重要なきっかけとなるのです。

一七世紀の末、それまでさしあたりキノコやナスなどと同じようにオリーヴオイルで揚げて塩・胡椒をして食べるというような食べ方しか紹介されていなかったトマトが、ついにナポリの料理人、アントニオ・ラティーニ（一六四二〜一六九六）の手によって、トマトソースのレシピとして登場してきます。完熟トマトを炭火であぶって皮をむき、刻んだ玉ねぎや唐辛子、ハーブ、スパイス、塩、酢、油などと混ぜて作るこの「スペイン風トマトソース」をきっかけに、トマトはついにそのソースとしての地位を確立します。

じゃがいもと違い、トマトそのものはそれほどお腹の足しにはなりませんが、ソースにするとそれは抜群の威力を発揮しました。何しろ旨み成分のグルタミン酸を豊富に含むトマトのソースは、パスタだけでなく肉や魚、野菜など何にでも合うのです。トマトの香りや酸味は、食材の臭みやクセを抑えてくれますし、また脂っこい料理の後味をさっぱりとさせる効果もあります。そんなトマトが持つ独特の味わい、加熱や保存を経ても変化しにくい鮮やかな色は、ソースを添えて食べるという昔ながらの人々の習慣に実によく合っていました。またこうしたソースはアレンジもしやすかったので、ソースだけを作って売り歩く行商人や、やがては缶詰や加工品など、さまざまな形での新たなビジネスチャンスをも生み出したのです。

最初、珍しくて風変わりで怪しげだったトマトとじゃがいもは、こうしてヨーロッパで最も愛される野菜のひとつとなっていきました。安くていつでもどこでも手に入りやすく、生でも保存用でも重宝する野菜たち──。これらの野菜は、今では毎日の食事作りだけでなく、さまざまな加工品、冷凍食品、保存食品、缶詰、酒類など、多岐にわたって私たちの食生活を支えてくれています。

一九世紀──。貧しく、ほぼじゃがいもだけを主食としていたアイルランドの農民たちは、じゃがいもの疫病による大飢饉（一八四五〜一八四九）によって多くが命を落とし、やがては新天地アメリカへの移住を余儀なくされました。またトマトの先進国イタリアでも、貧富の差はいまだ激しく、ヨーロッパの他の国々やアメリカに新たな働き口を求めて流出する人が後を絶ちませんでした。そんななか、慣れない土地で厳しい生活に身を置く移民たちは、食べ慣れたじゃがいもや、故郷の味を思い出せる熱々のトマトソースを口にして心を癒やしたのです。そして時には、それを人にも振る舞うことで、じゃがいもやトマトの調理法、そのおいしさはさらに知れ渡り、やがては世界中に普及することとなったのでした。

そして、二〇一六年――。先のイタリア中部地震に伴い、世界で「食」を通じたある動きが起こりました。地震で壊滅的な被害を受けたアマトリチャーナのふるさと、アマトリーチェを支援するため、各地のレストランで、アマトリチャーナをメニューに加え、その売り上げから一皿につき二ユーロ（当時の日本円で約二三〇円）を被災地に寄付できるようにしようと呼びかけられたのです。これは大きな反響を呼び、「スロー・フード」運動の提唱者であるイタリア人のカルロ・ペトリーニや、イギリスの有名料理家ジェイミー・オリヴァーら著名人の後押しもあって、イタリア国内のレストランのみならず、やがては世界中、そしてこの日本からも約五〇件のレストランが参加を表明し、多くの人がそれに賛同しました。

トマトとじゃがいも。最初は同じ「リンゴ」という名を冠された、このまったくタイプの違う二つの野菜たち――。なじみのない奇妙な作物に戸惑い、やがて必要に迫られながらもそれを受け容れていったヨーロッパの人々は、やがてそれを新たな形へと変え、さらにおいしい料理へと洗練させていきました。それは移民たちの苦労の末に再び世界中へと広められ、今やヨーロッパだけでなく、私たち日本人の食卓でも大変愛されるものとなっています。

「食」が世界を結ぶ日――。トマトとじゃがいもは、もしかしたら今もそんな素敵な「楽園の果実」なのかもしれません。

ブリアム(ギリシャ風たっぷり野菜のオーブン焼き)

たっぷりの野菜にトマトとオリーヴオイルのソースをかけてじっくり焼き上げた、地中海の素朴な家庭料理。調理法はシンプルですが、ジューシーで味の濃い野菜の甘みと旨みがとびきりおいしくて驚きます。お好みの野菜でぜひどうぞ。

●材料(4人分)

じゃがいも……中2個
ナス、ズッキーニ……各1本
玉ねぎ、パプリカ……各1/2個
にんじん……1/2本
いんげん……4～5本
にんにく……1片
トマト……大1個
オリーヴオイル……大さじ1

【A】
イタリアンパセリのみじん切り……大さじ2
塩、オレガノ(ドライ)……各小さじ1/2
ブラックペッパー……少々
オリーヴオイル……大さじ2

●作り方

1. オーブンは180～200度くらいに予熱しておく。
2. じゃがいも、ズッキーニ、にんじん、玉ねぎは5mmの厚さに切る。パプリカといんげんは、それぞれ種と筋を取って一口大に切る。ナスは一口大の乱切りにし、濃い目の塩水(分量外)につけて水けを拭きとる。にんにくはみじん切りにする。
3. 2を大きめの耐熱皿に入れて【A】であえる。その上に、すりおろしたトマトとオリーヴオイルを混ぜ合わせたものをかけ、アルミホイルで蓋をしたら、オーブンで30～40分ほど焼く。
4. ホイルをはずして一度全体を混ぜ、そのままホイルなしで、さらに野菜に焼き色がつくまで30～40分焼く。

レシピURL https://oceans-nadia.com/user/26/recipe/139975

●作り方

1. アプフェルムース（リンゴのピュレ）を作る。リンゴは皮をむき、芯を取って薄切りにして【A】をまぶす。ラップをかけて電子レンジ（600W）で５分加熱し、なめらかになるまで丁寧につぶす。粗熱が取れたらシナモンパウダーを混ぜ入れる。
2. じゃがいもは皮をむいて芽を取り、粗めにすりおろすか千切りにしてざるにあげて水分を軽く切る。玉ねぎはすりおろす。卵は溶いておく。
3. ２をボウルに入れ、【B】を加えてムラなくよく混ぜ合わせる。
4. フライパンに 1cm 程度の深さの油を入れて中火にかけ、温まったら3の生地を直径 10cm 程度に丸く平らに広げる。
5. そのまま触らず、時折フライパンを傾けて油を行き渡らせながら中弱火でこんがりきつね色になるまで３～５分揚げ焼きする。その後、裏返し、同様に揚げ焼きする。
6. キッチンペーパーにあげて両面油を切り、皿に盛り付け、好みで飾りに刻んだパセリを散らす。

◆生地は置いておくと水分が分離するので、そのつどよくかき混ぜてからフライパンに入れること。

レシピ URL　http://www.potatoairlines.com/potato_dishes/germany_02.html

ライベクーヘン アプフェルムース添え
（じゃがいものガレット リンゴのピュレ添え）

「カルトッフェルプッファー」とも呼ばれるドイツのじゃがいもガレット。じゃがいもを粗めに「ライベン（すりおろして）」揚げてあるので、外はザクザク、中はもっちり。塩気がしっかり効いていてつまむ手が止まりません。甘酸っぱく香りの良いリンゴのピュレと食べるのが定番、天地のリンゴのコラボが楽しめます。

●アプフェルムース材料（2～3人分）

りんご……1/2個
（※紅玉、ジョナゴールドなど酸味の強いものがおすすめ）
シナモン（パウダー）……少々
【A】
砂糖……小さじ2
水……大さじ1/2
レモン汁……小さじ1/2

●ライベクーヘン材料（2～3人分）

じゃがいも……6個（約670g）
玉ねぎ……1/4個
卵……1/2個
油……適量
パセリ……適宜
【B】
薄力粉、強力粉……各小さじ1
塩……小さじ1
ブラックペッパー……小さじ1/2
ナツメグ……少々

終章

冬の風景　クリスマスからカーニヴァル(謝肉祭)へ

曇った灰色の空が重苦しく垂れ込める冬——。年末が近づくと、ヨーロッパでもあちらこちらで、皆が待ちに待ったクリスマス市が開かれるようになります。

これが開かれるのは、アドヴェント（待降節）と呼ばれるクリスマス前の期間。ラテン語の「adventus（到来）」という語からきたこの名称は、読んで字のごとく、「キリストの降誕を待つ期間」のことです。言うなれば、来たるクリスマス（キリストの降誕祭）に向けての準備期間というわけですね。

さて、そんなアドヴェントの期間には、実はやることがいろいろあります。家族や親戚へのプレゼントを用意するのはもちろん、何しろ皆がクリスマスを楽しみに待ちわびている時期なので、たっぷり時間をかけて入念に準備をしていくのです。それではそんなワクワク感とお楽しみがいっぱいのアドヴェントにすること、いくつか覗いてみましょう。

まずは何といっても、このアドヴェントという期間を象徴する大事なもの、アドヴェンツクランツ。これは、もみの木などの常緑樹に大きなキャンドルが四本ついているリースのこと——。このキャンドルに、クリスマスの四週間前の日曜日から、毎週一本ずつ火を点けていきます。たとえば二〇一七年で言えば、一二月三日（日）の第一アドヴェントから始まり、一二月一〇日、一二月一七日、そして一二月二四日と、四回の日曜日を数えていきます。いわば、クリスマスまでのカウントダウンのようなものです。

家庭で作る場合もありますが、一一月も末頃になると街の花屋や市場などでもこれが売られるようになります。赤いキャンドルに緑のリースというのが定番。しかし、なかには白やゴールドのものもあり、とにかくヴァリエーションが豊富です。最近では「四本だとちょっと大変」という人のために、一本だけの小さなクランツが売られていることも——。いずれにしても、この時期の花屋はこのアドヴェンツクランツでいっぱいになるので、それを見ているだけでもとても楽しい気分になれるものです。

アドヴェンツクランツ

同じようにこの期間に楽しめるものとして、アドヴェンツカレンダーもあります。最近は日本でも売られているのを見かけるようになったので、きっとご存じの方も多いことでしょう。こちらはクリスマスまでの毎日、その日の日付の窓を一つずつ順番に開けていきます。中にチョコレートなどのお菓子が入っているものが人気で、特に子供たちのいる家庭では欠かせません。

クリスマスツリー用もみの木の販売所

そしてこの時期には、こんな不思議な光景も見られます。横に寝かされた、大きなドラム缶のようなものに、周りには緑の木の枝がたくさん落ちている――。実はそれは、クリスマスツリー用のもみの木を売るお店なのです。常設というわけではなく、この時期になると近所の駐車場などに突如出現しますから、最初は何かわからず「？？？」となってしまいます。けれど、扱われているのはもちろん本物の生の木です。クリスマスが近づくと、こういった場所に家族で足を運び、この機械で枝をはらって形を整えてもらったりしながら自分の好みの枝ぶりの木を持ち帰ります。こだわる人はそれこそ相当にこだわり、寒い中を長時間あれこれ見て回ることも。そして持ち帰ったら、家族皆で、思い思いの飾りつけをして楽しむというわけです。

そんなクリスマスツリーはふつう、年明けまで飾られます。というのもヨーロッパでは、クリスマスから年末年始、年明けにかけての過ごし方が日本とはいくぶん違っているからです。

街のショーウィンドウをクリスマスのディスプレイが彩り、皆がウキウキとした足取りで街を歩くのは一緒ですが、何しろヨーロッパにはもう一つ、楽しい楽しいクリスマス市というものがあります。このクリスマス市、いったいどんなお店が出ているのかというと、その多くは食べ物に関するもの――。これは国によっても地域によっても少しずつ違いますが、何しろ寒い季節、石畳の上での開催ですから、身体を内側から温めてくれる温かい飲み物やお酒は欠かせません。

そして、それに合う食べ物ももちろん――。どこの国でも愛されている定番のフライドポテトやじゃがいもの軽食、そしてその土地ならではのちょっとしたおつまみや、甘いお菓子など。たとえば有名な、ドイツはドレスデン発祥のシュトレン(Stollen)も、こうしたクリスマス市でよく売られています。

そのほかには、クリスマスツリーに飾るオーナメントのお店や、スプーンやカッティングボードなどが山と並ぶ木工細工の店、手工芸品の店。はたまた、はちみつ蠟燭の店や、マスタードや香辛料の店、「ベツレヘムの星」と呼ばれる東方三博士にキリストの誕生を知らせたとされる星をかたどった雑貨を売る店など、とにかくさまざまです。街の広場に建てられたこうした仮設の店は、色とりどりのライトや装飾で飾り立てられ、まるでおもちゃ箱のよう――。「クリスマスまであと少し。……けれど、まだあと少しある！」という寒く厳しい冬の季節を、まるで魔法のような楽しさと幸福感へと変えてしまうのです。

さて、そんなクリスマス市も、終わりはなんともあっけないもの――。多くの街では一二月二三日には市が終わり、あとはクリスマスまで静かに過ごします。そしてクリスマス当日には教会の鐘が盛大に鳴り響き、やがて年越しを迎えるのです。

ヨーロッパのクリスマス、そして新年の祝われ方は、地域によっても実にさまざまです。しかし、一つの目安となるのが一月六日という日――。この日は公現節と言い、聖書によると、ベツレヘムでのイエスの誕生を知った東方三博士が黄金・乳香・没薬《もつやく》を持ってお祝いに駆けつけたという日です。たとえばフランスでは、ガレット・デ・ロワ(gallette des rois)というお菓子が食されるのがまさにこ

クリスマス市の蠟燭を売る店

ドレスデンのシュトレン

の日ですね。

実はヨーロッパの場合、アドヴェント（待降節）からこの公現節までがいわゆるクリスマス・シーズンに相当し、その間で迎える大晦日には、盛大に花火を打ち上げ、爆竹を鳴らしてカウントダウンが行われます。そして年を越し、一月六日の朝になったところでようやくクリスマスツリーを撤去することになるのです。

クリスマスからお正月までのお祝いムードがほぼまとめてやって来る日本とは少し違い、ヨーロッパではあくまでもクリスマスがメイン――。ですから春のイースターとこの時期ばかりは、実家に帰って家族と過ごすという人がほとんどといってもいいほどです。しかもヨーロッパの場合はこのアドヴェントの期間がありますから、自然と人が集まる機会も多くなります。そしてそんな時に重宝するのが、あの日保ちのする焼き菓子のたぐいです。

クリスマスの焼き菓子といえば、最近では日本でも見かけるようになってきたドイツのシュトレンや、イタリアのパネトーネ（panettone）などのパンにも近い大型のお菓子が有名ですね。ドライフルーツや洋酒をふんだんに使ったこうしたお菓子は、日が経つほどにおいしくなりますし、それを少しずつ切ってお茶と一緒に皆で食べる時間はとにかく楽しいものです。

しかし一方で、友人同士やご近所さんが集まった時に重宝する、さまざまな味・形をした小型のお菓子もいろいろあります。たとえば、プレッツヒェン（Plätzchen）と呼ばれる、さまざまな種類のドイツの小型クッキー。そしてサクサクした食感と三日月の形が印象的な、ヴァニレ・キプフェル（Vanillekipferl）というオーストリアのクッキー。あるいはクッキーではありませんが、星形のパイ生地にプルーンのジャムが入ったヨウルトルットゥ（joulutorttu）というフィンランドのクリスマス菓子など――。こうした小型のお菓子はいろいろな国にあり、スパイスが入ったもの、現代風にアレンジされたものなど、その味はさまざまです。しかし、その場で食べるだけでなく手土産にすることもできるので、たいていは各家庭で多めに作って用意されます。

さて公現節を過ぎると、しばらくヨーロッパは再び淡々とした日常を過ごすことになります。なぜなら次のめぼしいイベントというのは、春のイースターくらいまでほとんどないからです。しかし二月頃になると、ある特定の地域では、カーニヴァル（謝肉祭）というお祭りが催されることもあります。

カーニヴァルのパレードの様子

カーニヴァルは、「日頃のしがらみを忘れて大いに食べ、騒ごう！」という、いわば無礼講の世俗の祭りです。カーニヴァルというと、もしかしたら現在では、あのサンバで有名なリオのものや、豪華な仮面や衣装が魅力的なヴェネツィアのカーニヴァルがすぐに思い出されるかもしれません。しかしこちらはもともと、主に西方キリスト教世界のカトリック圏で、あの四旬節の前に行われていた祭りでした。

イースター（復活祭）の前にあたる四旬節は、「肉を断ち、静かに過ごす」という節制の期間です（第二・第四章参照）。それに対してこのカーニヴァルは、いわば「しっかり肉を食べ、来たるべき四旬節に備える」ための期間――。そもそもカーニヴァルという言葉の語源が、ラテン語の「carne vale（肉よさらば）」からき

カーニヴァルの時期の伝統菓子

ているという説があります。ですからこの時期、人々は思い思いの仮装に身を包んでは、寒い街中に出かけ、豪華な仮装パレードを見物したり、そこで配られるお菓子を手にして楽しいひとときを過ごします。

何しろ、「節制の期間が訪れる前に、思い切り楽しみ、しっかり食べておこう！」というのがカーニヴァルの主旨ですから、この時期、人々が口にするものも半端ではありません。さすがに現在では、パレードで配られるお菓子は袋入りのものがほとんどとなっていますが、ちょっと街のパン屋やお菓子屋を覗いてみると、そこには油で揚げた、砂糖のたっぷりかかったドーナツのような甘いお菓子がずらりと並んでいます。この時期の伝統菓子は、とにかくそんなカロリーのありそうなものばかり——。つまりは、身体の弱りやすい、寒い冬場にしっかり栄養をとっておき、来たるべき四旬節に備えようという昔ながらの知恵なのです。

冬場に行われるカーニヴァルは、場合によっては雪も溶けていないぬかるんだ道の上で行われることも多いもの――。それでも老婦人から赤ちゃんまで、人々はさまざまな仮装にいそいそと身を包み、寒空の下、何時間でもパレードを見物しようとします。街によっては、その街ならではの共通のかけ声のようなものがあって、皆で声を合わせてそれを一斉に叫びながら、まるで寒さを吹き飛ばすかのように互いに笑い合います。そんな雰囲気の中にいるだけで、寒くてもなんだかとても幸せな気持ちになれるのですから、カーニヴァルというのは本当に不思議なものです。

寒くて暗い冬の期間、人々はこうしたイベントを通じて、気心の知れた家族や友達と楽しく賑やかな時間を過ごします。そこにはたくさんのおいしい食べ物があり、人々の笑顔があり、冬の寒さをもしのぐ温かな人のぬくもりがあります。

そして一年が過ぎ、静かな四旬節を終えた時――。

ヨーロッパは、再び黄色と緑の喜びに彩られた、あの華やかなイースターの春を迎えるのです。

あとがき　食から見える世界

テーブルにのせられた一皿の料理や、一切れのチーズ——。

私たちは「食」というものを通じて、実にさまざまなことに触れることができます。食文化というのは本当に奥が深く、そこにはそれを担う人々が「これまでどのように物を考え、何を信じ、何を大切に想ってきたのか」ということがたくさん含まれているからです。

「わあ！　これはいったい何だろう？　おいしいのかしら？」

見慣れぬ食べ物や初めて食べる料理を目の前にした時、私たちはきっと皆そう思います。そう、最初はきっと、そんな素朴な好奇心からすべては始まってきたのです。毎日の食事をおいしく食べたいと思うこと。なじみのない食べ物や料理に興味を持ち、それを味わったり、作り方を知ったり、それにまつわるエピソードに心を躍らせたり——。もしかすると食べることが好きで、料理に興味があるという皆さんが日々ふつうになさっているそんなことが、世界を知るための最初の手がかりになるのかもしれません。

人が大切に想い、おいしいと思っているものを知ることは、実はとても重要なことです。相手の大切にしているものを互いに知ろうとし、そしてそれを尊重する。たとえささやかなことのように見えても、それこそが相手に敬意を払うということでもあるのだと思います。

そんな、世界を知るための、ひとつの入口としての「食」――。

誰にとっても、自分の慣れ親しんだ故郷の料理は何ものにも代えがたい特別なものです。だからこそ、時には食べたことのない国の料理を味わってみたり、自分でも作ってみたりしながら、その国とその土地で暮らす人々の営みに想いを馳せるのはなんとも素敵なことではないでしょうか。この本も、何かの形でそんなきっかけのひとつになれば大変うれしく思います。

＊＊＊

この本では、各章ごとにいくつかの食材や料理を具体的に取り上げていきながら、読者の皆さんにヨーロッパの食をめぐる風景を少しでも身近に感じていただけることを目指しました。そのため、すでに日本でも多くの言及があり、愛好家も多く、西洋料理の代名詞のように語られることの多いパンやワイン、肉類については今回は扱っていません。むしろここでは、料理の基本とも言える油脂や、私たちにも大変なじみのある野菜たち、そしてバターやチーズといった乳製品に、料理を風味豊かに仕上げてくれるハーブやスパイスなどを例に挙げながら、知られているようで案外知られていないヨーロッパの四季の移り変わりや、その独特の雰囲気などをより深くお伝えできるようにしたつもりです。

またその意味で、各章の末尾には、それぞれのテーマに関連のある欧風料理のレシピを掲載しました。各地で受け継がれてきた郷土料理や伝統料理、あるいはヨーロッパで親しまれている一皿をアレンジしたものなどさまざまですが、本書で扱われた食材を使用した料理を目で見ていただき、実際にヨーロッパを「食べて、感じて」いただくことで、本文の内容をより深く楽しんでいただけるようなものばかりを選んであります。各レシピに付いているQRコードからレシピサイト「Ｎａｄｉａ ナディア」のページ（一部、米国ポテト協会ＨＰ内ページ）に飛ぶことができるようになっていますので、より詳しい作り方をお知りになりたい場合はぜひそちらも併せてご覧ください。

とはいえ、もちろん今回この本でご紹介した食べ物だけが、ヨーロッパの食の歴史・食文化を支えてきたわけではありません。先に挙げたパンやワイン、肉のほか、塩・砂糖のような調味料、遠く異国の地からもたらされたお茶やコーヒー、ココアといった飲み物、ビール、そしてお菓子とそれを取り巻く文化なども、ヨーロッパの食卓を語る上ではもはや欠かせないものです。

さらに、地域によっては肉と同じくらいよく食べられてきた魚や魚介類も、現在に至るまである一定の位置を占めてきました。そして厳しい冬場には欠かせない保存食作りの知恵というのも、大変興味深いテーマのひとつです。実に、こうしてざっと見ていくだけでもヨーロッパの食と歴史の風景をめぐる旅はおよそ尽きることがないのですが、それはまた、機会があればぜひいつかご紹介してみたいと思います。

そもそも「食」というテーマに限らず、ひと口に「ヨーロッパ」と言っても範囲が広いので、そこからどんなことを感じるかは人それぞれではないかと思います。

ヨーロッパ各国に滞在されたり、ご旅行をされたことのある方のなかには、「自分がこれまで見知っていたこと、あるいはヨーロッパで経験してきたこととは少し違うな」と感じられた部分もこの本のなかにはあるかもしれません。しかしそれはむしろ当然のことで、広いヨーロッパは北から南、東から西まで、国によっても地域によっても実際にはかなり状況が異なっています。また、ヨーロッパは実に、季節によってもさまざまな表情を見せてくれる大変魅力的な場所でもあります。そして、同じ土地を旅し、同じ土地に暮らした人同士でも、受け取る印象がそれぞれ少しずつ違ってくるということもよくあります。

本で読んだり、テレビで見たり、あるいは人から話に聞いたり。さらには個々人の経験や思い入れや、おいしかった食べ物、楽しかった観光名所など、直接肌で感じたことからも、皆さんはきっとお一人お一人、世界でただひとつの自分だけの「ヨーロッパ」像をお持ちになっていることでしょう。この本が食と歴史という視点から、そうした皆さんだけの「ヨーロッパ」

を改めて眺めるきっかけとなれば、そしてまた、さらに新しい発見を得たり、理解を深めたりする一助となるようでしたら、著者としてこんなにうれしいことはありません。

＊＊＊

本文の内容をイメージしやすくするための図版については、一部を除き、写真の多くを著者が撮影したものを使用しました。また各章末尾に付したレシピは、すべて著者が自ら制作・撮影したものです。

本文中で引用している史料のうち、そのまま日本語訳として利用させていただいたものについては巻末に一覧を付してあります（〔 〕は引用に際しての補足）。また、七一頁のプラティーナの引用は、カパッティ／モンタナーリ『食のイタリア文化史』（柴野均訳、岩波書店、二〇一一年）、一〇七頁に拠るものです。それ以外のものについては、複数の欧文・日本語訳を参照して著者がまとめました。

人名や地名などの表記は基本的に慣例にしたがっています。本文中には「ギリシア」と「ギリシャ」という二つの表記が登場しますが、本書では、古代については「ギリシア」、現代の国名として「ギリシャ」を使用しました。

ヨーロッパの食の歴史と食文化に関する研究文献は、国内・国外を問わず、数多く存在しています。本書もそうした研究に多くを拠っていますが、紙幅の関係からここでそのすべてを挙げることはできません。そこで本書を導入としてヨーロッパの食と歴史というテーマについてさらに読んでみたいと思われた方のために、巻末に読書案内として、特に手に取りやすい日本語の本をいくつか紹介しておきます。

＊＊＊

本書の執筆にあたっては、柏書房編集部の八木志朗さんに大変お世話になりました。食と歴史と料理レシピを組み合わせるという、これまでにない新しいコンセプトに大きな関心をお寄せ下さり、いつも的確なアドヴァイスと温かな励ましの言葉をかけていただいたことに深く感謝申し上げます。また、本書の雰囲気によく合う素敵なイラストやデザインを担当して下さったデザイナーの芝山雅彦さんはじめ、刊行にご尽力下さった皆様、また、ヨーロッパの文化と食というテーマでこの本の前身とも言うべき連載コラムの執筆をご依頼くださったレシピサイトＮａｄｉａ（ナディア）の皆様にも厚く御礼申し上げます。そしてつねによき話し相手となり、さまざまなアイディアを与えてくれた夫にも感謝を。

最後に、この本を手に取り読んで下さった皆様に、心より御礼申し上げます。

二〇一七年七月

著者

読書案内

【全般】

池上俊一『パスタでたどるイタリア史』岩波ジュニア新書、2011 年
石毛直道監修『世界の食文化』シリーズ（特に 14 ～ 18 巻）、農山漁村文化協会、2003 ～ 2008 年
アルベルト・カパッティ／マッシモ・モンタナーリ『食のイタリア文化史』柴野均訳、岩波書店、2011 年
マグロンヌ・トゥーサン＝サマ『世界食物百科　起源・歴史・文化・料理・シンボル』玉村豊男監訳、原書房、1998 年
ジャン＝ルイ・フランドラン／マッシモ・モンタナーリ編『食の歴史　Ⅰ～Ⅲ』宮原信・北代美和子監訳、藤原書店、2006 年
マッシモ・モンタナーリ『ヨーロッパの食文化』山辺規子／城戸照子訳、平凡社、1999 年

【オイル＆チーズ】

奥田佳奈子『オリーブオイルのすべてがわかる本』筑摩書房、2001 年
トム・ミューラー『エキストラバージンの嘘と真実』実川元子訳、日経ＢＰ社、2012 年
ポール・キンステッド『チーズと文明』和田佐規子訳、築地書館、2013 年
鴇田文三郎『チーズのきた道』講談社学術文庫、2010 年

【ハーブ＆スパイス】

リュシアン・ギュイヨ『香辛料の世界史』池崎一郎ほか訳、白水社文庫クセジュ、1987 年
フレッド・ツァラ『スパイスの歴史』竹田円訳、原書房、2014 年
ゲイリー・アレン『ハーブの歴史』竹田円訳、原書房、2015 年

【トマト＆ジャガイモ】

ラリー・ザッカーマン『じゃがいもが世界を救った ポテトの文化史』関口篤訳、青土社、2003 年
伊藤章治『ジャガイモの世界史　歴史を動かした「貧者のパン」』中公新書、2008 年
内田洋子／シルヴィオ・ピエールサンティ『トマトとイタリア人』文春新書、2003 年

【暦＆祝祭】

八木谷涼子『なんでもわかるキリスト教大事典』朝日文庫、2012 年
リサ・モートン『ハロウィーンの文化誌』大久保庸子訳、原書房、2014 年

《主な引用史料》

ソポクレス『コロノスのオイディプス』高津春繁訳、岩波文庫、1973 年
『聖書 新共同訳』日本聖書協会、2007 年
ブリア＝サヴァラン『美味礼讃（下）』関根秀雄／戸部松実訳、岩波文庫、1967 年
大槻真一郎責任編集『プリニウス博物誌　植物篇』八坂書房、1994 年
大槻真一郎編訳『新訂ヒポクラテス全集 3』エンタプライズ、1997 年、「付録 2『サレルノ養生訓』の解説と全訳」
シエサ・デ・レオン『インカ帝国地誌』増田義郎訳、岩波文庫、2007 年
アダム・スミス『国富論（上）』山岡洋一訳、日本経済新聞出版社、2007 年

《図版クレジット》 p.73 と 77、76 以外は、Wikimedia Commons による。

p.13
Old olive tree near Karystos, Eboeia, Greece. Picture taken by Tim Bekaert.
p.34
Display of Lindt chocolate bunnies by Tammy Green from Chicago, USA.
p.52
Grand Carre of the Potager du roi, Versailles by SiefkinDR.
p.66
Vieux moules (faisselles) terre cuite fabriqués à Saint Jean du bruel.Aveyron.France pour fromages brebis: Pérail de ferme et Roquefort, by LAGRIC.
p.73、77
写真提供：パルミジャーノ・レッジャーノ・チーズ協会
p.76
欧州委員会農業・農村開発総局のウェブサイトより
p.104（上）
Lewes Bonfire Night, Guy Fawkes effigy. Part of the Bonfire Night celebrations on the 5th November in Lewes, Sussex. Photograph © Andrew Dunn.
（下）
St. Martin's Day-Goose by Zyance.
p.112
A traditional Irish turnip Jack-o'-lantern from the early 20th century by Rannpháirtí anaithnid.
p.133
Le monument de Parmentier, surmonté de la statue représentant le célèbre personnage by Marc ROUSSEL.
p.143
Adventní věnec by I.Sáček, senior.

《協力》

レシピサイト「Nadia」
https://oceans-nadia.com/

パルミジャーノ・レッジャーノ・チーズ協会
http://www.parmigiano-reggiano.it/japanese/default.aspx

米国ポテト協会
http://www.potatoesusa-japan.com/
http://www.potatoairlines.com/

【著者紹介】
庭乃 桃（にわの・もも）
料理・食文化研究家。東京大学大学院修了（専門はヨーロッパの歴史と文化）。女子栄養大学食生活指導士。料理家として企業向けレシピの開発を手がける一方、食関連の執筆・翻訳を中心に活動中。

おいしく世界史《せかいし》

2017年9月10日　第1刷発行

著　者　庭乃 桃
発行者　富澤凡子
発行所　柏書房株式会社
東京都文京区本郷 2-15-13（〒113-0033）
電話（03）3830-1891（営業）
（03）3830-1894（編集）

印刷・製本　中央精版印刷株式会社

ISBN978-4-7601-4894-3